峣帝/编著

10~18岁 青春叛逆期
父母送给女孩 的 枕边书

青春叛逆少烦扰，健康成长不学坏

身体变化、情绪波动、早恋烦恼、社交困惑、叛逆心理，赶走青春的躁动，女孩快乐长大。

中国纺织出版社

内 容 提 要

成长中的女孩犹如正在绽放的花朵，美丽却娇弱，她们需要充足的阳光和养分，但是又不可避免地要接受风雨的锤炼。父母该怎样帮助女孩平安、快乐地度过青春期呢？

本书从现实生活出发，用真挚的口吻和对话的语言帮助女孩答疑解惑，解除青春期成长过程中心理的烦恼和生理变化的困惑，帮助女孩学会和家长、老师沟通，在学校和家庭中都能够找到属于自己的位置，健康快乐地成长。

图书在版编目（CIP）数据

10~18岁青春叛逆期，父母送给女孩的枕边书 / 岣帝编著 . —北京：中国纺织出版社，2016.8（2021.7重印）
ISBN 978-7-5180-2556-5

Ⅰ. ①1… Ⅱ. ①岣… Ⅲ. ①女孩—青春期—家庭教育 Ⅳ. ①G78

中国版本图书馆CIP数据核字（2016）第083365号

策划编辑：闫 星　　责任印制：储志伟

中国纺织出版社出版发行
地址：北京市朝阳区百子湾东里A407号楼　邮政编码：100124
销售电话：010—67004422　传真：010—87155801
http：//www.c-textilep.com
E-mail：faxing@c-textilep.com
中国纺织出版社天猫旗舰店
官方微博http://weibo.com/2119887771
三河市宏盛印务有限公司印刷　各地新华书店经销
2016年8月第1版　2021年7月第13次印刷
开本：710×1000　1/16　印张：16
字数：220千字　定价：29.80元

凡购本书，如有缺页、倒页、脱页，由本社图书营销中心调换

前言
PREFACE

　　女孩的成长是快乐的，但同时也是烦恼的，因为身体上的成长超越了你心理上的成长，所以青春叛逆期也是一个青黄不接的年龄。当身体开始发生迅速的变化，但心理上却没有成熟起来，无法转换自己的心理位置，以至于在青春叛逆期多了很多苦恼。其实，无论是快乐，还是烦恼，这都是成长的过程，因为成长，你不得不经历这样一个过程。

　　青春叛逆期是充满着喜悦的，看着悄悄变化的身体，这就是成长，告诉着一个懵懂女孩即将踏入成人的世界；青春期是敏感的，心智逐渐开始成熟，希望得到异性的关注，在意别人的评价，渴望自由独立；青春期是矛盾的，老师难亲近、父母不理解、同学难相处，这都是心里烦恼的源头；青春期是困惑的，那么多的未知、那么多的新奇、那么多的诱惑，好像自己置身于一个新的世界；青春期是浪漫的，幻想着心目中的王子，朦胧的爱恋，少许的期待，勾勒成青春期最温馨的一幅画。女孩，当你步入了青春叛逆期，是否充满了喜悦，但也在心里开始敏感起来，你是否感觉到矛盾，却又困惑不知道该怎么处理，你是否感觉到了浪漫，但总觉得那就是青春期的陷阱。而成长会是一切问题的答案，经历了成长，你就会明白。

　　每个做父母的都曾经历过美好的青春年华，每个做父母的都要面对孩子的成长烦恼。作为父母，应该正确引导陷于青春期烦恼的女孩，陪伴着她们健康顺利地度过青春叛逆期，这是每一个父母的责任，也是每一个父母的心愿。看着慢慢长大的孩子，心中

10~18 岁青春叛逆期，父母送给女孩的枕边书

的那份感觉既喜也忧，喜的是因为孩子终于长大了，成熟了，懂事了；忧的是孩子处于这个敏感时期，如何与她进行沟通，怎么帮助孩子度过这个敏感叛逆时期呢。这是所有父母都在担忧的问题，也是所有父母面对的一个难题。其实，这也并不是一件困难的事情，当你把这本书送给了孩子，让她在晚上睡觉前读上一篇，那么所有青春期的困惑都会找到答案，女孩也会在你关爱的目光下，日益成长，健康顺利地度过青春期。

　　本书通过一系列叛逆期女孩在青春期的成长故事，通过一件件鲜活的事例，剖析出青春期成长的秘密，这是每一个叛逆期女孩不可或缺的一本书，里面包含了父母送给叛逆期女孩的心里话。通过父母与孩子的交流，以生动、活泼的语言，以及温和亲切的态度揭示了叛逆期女孩的身心变化，并且向所有叛逆期女孩讲述了关于青春期的知识，以及如何爱护自己、如何处理自己与他人之间的关系等方法，也为所有懵懂的女孩子解答了关于身体和心理的种种疑问，同时，还解决了父母欲言又止的话题，打消了所有父母的顾虑，是每一位叛逆期女孩的必备书。如果你还在为女儿的成长而烦恼，那就选择送这本书给她吧，这是青春叛逆期最好的礼物，也是女孩最渴望得到的礼物！

编著者

2015 年 2 月

目　录
CONTENTS

第1章　胸部变大了，聆听花开的声音 ……………… **001**

　　害羞，胸前凸起了"小花蕾"　002
　　难过，大家说我是"飞机场"　004
　　害怕，乳房有些难以述说的异样　006
　　惊慌，小小年纪突然分泌出乳液　009
　　别恼，女孩儿你只是该戴文胸了　011
　　别愁，要选择适合自己的文胸　013
　　别懒，要会正确佩戴和清洗文胸　015
　　别急，用科学帮助你的乳房发育　018
　　别慌，学会正确保护乳房的知识　020
　　别怕，镇定判断和自查乳房疾病　022
　　注意，女孩要对乳房卫生重视起来　024

第2章　每月烦心事，"好朋友"到访了别发愁 ………… **027**

　　"好朋友"要来了，有何预兆呢　028
　　你的"好朋友"遵守"规矩"吗　029
　　你是如何招待"好朋友"的　031
　　正在上课，"好朋友"不期而至　033
　　卫生栓虽然方便，也有弊处　035
　　什么样的卫生巾才算是合格的　037
　　了解卫生巾的正确使用方法　039

瘙痒是卫生巾导致的吗 041
"好朋友"造访期间如何清洁 043
月经期的不适合和禁忌 045

第3章 花园长出了"芳草",坦然面对身体的成熟……047

"腋毛"真的那么可怕吗 048
因为爱美而修剪腋毛真的好吗 049
天哪,小芳怎么长"胡子"了 052
我的内裤为什么有白色的污点 054
怎样的白带才是正常的 056
阴部瘙痒的罪魁祸首都有谁 057
正确选择内裤和清洗内裤 059

第4章 "面子"问题多,女孩爱美要健康……063

花季少女,为何遭遇讨厌的青春痘 064
青春期怎样打好"祛痘之战" 066
该怎样对待让人烦恼的雀斑 068
青春期为何会长出白发 071
青春期如何预防眼睛近视 073
不做"节食"的病态美人 075
化妆品不是青春期女孩应有的东西 077

第5章 心里充满阳光,不做"问题"女孩……081

青春期女孩,拒绝自卑 082
追星适度,不要为偶像而疯狂 084
学会欣赏别人,杜绝嫉妒 086
女孩儿别把奇装异服当个性 089
要学会控制青春期的强迫症 092
乐观的女孩儿惹人爱 094

学会为自己的青春期解压　095

第6章　与男生交友有度，青春期拒绝早恋 …………… 099

对异性有莫名的好感怎么办　100
学会和男同学友好相处　102
妥善处理男孩的深情告白书　104
女孩，失恋并不是可怕的事　107
青春期女孩远离钟情妄想症　109
正确对待青春期的懵懂情愫　111
喜欢上英俊的男老师怎么办　113

第7章　别让性靠得太近，保护自己不受伤害 ………… 117

如何保护自己免遭性侵害　118
青春期女孩，需要了解避孕知识　120
青春期解惑——什么是自慰　122
青春期解惑——什么是性幻想　124
青春期解惑——如何应对性冲动　126
青春期解惑——什么是性行为　129
宝宝是如何来到这个世界的　130
青春期，女孩儿要避免性行为　132

第8章　青春期保健，女孩呵护娇弱的身体 …………… 135

认识青春期的几种常见病　136
镇静对待月经初潮的来临　138
高跟鞋不属于青春期这个年纪　141
不要让狐臭成为你交往的屏障　142
怎样处理青春期神经衰弱的情况　144
女孩要养成良好的运动习惯　146
女孩闺房需时常保持整洁　148

生活有规律，健康自然来 150

第9章 青春不叛逆，懂事的女孩有出息 153

不要让唱反调成为习惯 154
女孩要懂得控制自己的情绪 156
别人有的，你未必要有 158
"摇滚"并非是个性的代表词 160
渴望独立是盲目地追寻自由 163
如何克制自己青春期的敏感脾气 165
面对父母的比较心，灵巧与其沟通 167

第10章 青春不封闭，女孩与人积极健康地交往 171

娇弱女孩如何战胜社交恐惧症 172
做一个人见人爱的懂礼女孩 174
怎样做才能让同学信任自己 176
学会与老师进行有效的沟通 178
乖乖女也要学会说"不" 180
合作，聪明女孩的必备技能 182
乖巧的女孩懂得与人分享 184
女孩儿该如何轻松面对陌生人 186
青春期女孩，请远离社会青年 188

第11章 成长多自省，管好自己才能飞 191

女孩要学会管理自己的情绪 192
做一个人人夸赞的勤快女孩 194
独立自主的女孩最美丽 196
反省是一种自我完善 198
养成珍惜时间的好习惯 200
女孩要经营自己的财商 202

劳逸结合但要玩乐有度　206

第12章　女孩慎涉足，避开成长的危险禁区 ……………209
女孩，请远离烟和酒　210
"黄毒"不属于美好的花季　212
珍爱生命，女孩请远离毒品　214
遭遇校园暴力，正确应对　216
女孩不要参与拉帮结派　218
谨慎对待虚拟世界的诱惑　220
保护自己，别陷入网恋中去　223

第13章　学习不用帮，做有才情的青春美少女……………227
女孩儿，你是为了自己而学习　228
制订适合自己的学习计划　230
女孩子要端正学习态度　232
别给自己"偏科"的心理暗示　234
讨厌老师其实是害了自己　236
理科真的是女孩子的天敌吗　238
锻炼心理素质，平常心看待考试　239
应付升学压力，女孩子有妙招　242

第1章

胸部变大了，聆听花开的声音

在如花似玉的年纪，每个女孩都是含苞待放的花蕾，需要用心地呵护。面对青春期女孩，有哪些事情是需要小心注意和防范的呢？相信不管是为人父母者还是青春期女孩自己，都需要对这方面加强了解，这样才能有效预防不必要的伤害。只有用心守护，花蕾才能如期绽放。为了拥有更美好的人生，让我们一起努力吧！

害羞，胸前凸起了"小花蕾"

体育课上的"难堪"

晓丽今年上五年级了。刚刚走入新的校园，她的心情很愉快，对那些传说中高年级很难的课程也满怀兴趣。经过一段时间的学习，晓丽觉得其实高年级的课程和中低年级比起来虽然有了一定的难度，但是自己也是完全可以应对的。因为，她是一个勤奋好学的姑娘，从来不会让功课落下任何一点点。所以，整体而言，晓丽的小学高年级生活有了一个良好的开端。

在所有课程中，晓丽最喜欢的就是体育课了。一则是因为她从小好动，号称"飞毛腿"，二则体育课上能够活动活动因为久坐学习而僵硬的躯体，三则体育老师很帅啊，态度温和，班里所有的女生都喜欢他。然而，在上一节体育课上，晓丽却遭遇了难堪。原来，上一节体育课的项目是立定跳远。刚开始时，晓丽很高兴，因为班里的同学都没有她跳得远，包括男生也没有她跳得远，而且，动作也数她最标准。因此，体育老师让她给大家做示范。晓丽一遍一遍乐此不疲地给大家进行示范，她心里得意地想：哈哈，这个动作我熟悉，我低年级就会了呢！还在学校的运动会上得了第一名呢！当她为同学们示范了三四次之后，突然觉得自己的背后犹如被针刺着，耳边也传来女生们的窃窃私语声。"看看，她可真不知道害羞啊，还一遍一遍地示范，生怕大家看不见似的！""她可真是粗心大意啊，连个紧身衣都没穿，难道她妈妈不告诉她吗？"晓丽不知所以，然而，她突然看到有个同学正在盯着她的胸部看，不由得猛然意识到什么，脸红了。

放学回家之后，她把学校里发生的事情告诉了妈妈。妈妈赶紧去超市为她买了几件紧身胸衣，让她以后上体育课的时候穿上，还买了几件小背心，

第1章 胸部变大了，聆听花开的声音

说是平时可以穿。穿上妈妈给自己置办的内衣之后，晓丽心里有了很特别的感觉，觉得自己从此就是大姑娘了。第二天上学时，她还不太好意思呢，知道那些细心的女同学一定会发现她的异样，说不定还会继续议论一段时间呢！就这样，她怀着忐忑的心情去了学校。果不其然，很多女同学依然背后议论，但是没多久，班里的好几个女同学都穿起了少女的内衣，同学们渐渐地忽略了她，不再对她议论纷纷了。

 ∷ 送给青春期女孩的话 ∷

晓丽的经历相信很多女孩都有。尤其是现在社会，生活条件提高，孩子们在生长发育过程中摄入的营养越来越全面、丰富，因此，青少年整体的发育水平都有了一定的提升，发育的时间也提前了。其实，胸部的发育是女孩区别于男孩的重要的性征之一，很多女孩看到自己胸前鼓起的"小花蕾"，都会觉得很不好意思，很害羞。其实，这是女性的美丽之一，是完全应该坦然面对的。接下来，就让我们一起来了解一下女孩子胸部发育的时间和特点，正确地认识身体的生长和发育情况，坦然倾听花开的声音。

1. 胸前的"小花蕾"什么时候开始发育

一般情况下，从10岁开始，女孩开始进入青春期，到12~13岁之间，女孩初潮。然而，由于现在的生活水平越来越高，以及雌性激素的过量摄入，很多女孩的发育都提前了，有相当一部分女孩子9岁前后就开始发育。这时，除了第一性征发育明显之外，女孩的第二性征也渐渐形成。很多女孩开始变声，乳房也渐渐凸起，就像含苞待放的花蕾，骨盆等第一性征都变化明显，她们开始向着成熟的女性靠拢，体态也越来越像曼妙的女子。

2. 胸部开始发育之后，少女应该注意哪些事项

摄入充足营养。胸部开始发育之后，标志着少女开始成长为成熟的女性，因此，身体需要更多的营养。

不要盲目束胸。很多女孩子因为害羞，会选择穿着很紧的紧身胸衣。其实，除了上体育课进行剧烈活动之外，完全没有必要束缚乳房，不然会影响

乳房的发育。

加强体育锻炼。适当地锻炼，尤其是进行能够锻炼胸部肌肉的体育项目，能使女孩的胸部变得更加挺拔。

选择适宜的胸罩。很多女孩乳房发育很早，不好意思穿着胸衣，尤其是夏天，因为衣服单薄，她们担心穿胸罩的事情会引起其他同学的注意。其实，乳房的发育是正常的生理现象，无须遮掩。穿着适宜的胸罩，能够对日益发育的乳房起到托举的作用，使其更加挺拔，有益发育。

难过，大家说我是"飞机场"

我不想被人说是"飞机场"

上了初中之后，娜娜发现小女伴们的心思有了很明显的变化。例如，在小学五六年级时，很多发育比较早的女同学会很羞涩，她们总是穿着紧身胸衣，把自己日渐发育的胸部束缚起来，这样才能使自己看上去依然是个小女孩。总而言之，那会儿，似乎没有女同学以自己的发育为骄傲。然而，自从上了初中之中，似乎经历了一个短短的暑假，所有的女伴都变成了亭亭玉立的大姑娘。开学第一天，她们穿着美丽的连衣裙，袅娜多姿，凹凸有致。只有娜娜，依然穿着不起眼的运动服，留着一头精干的短发，看起来就像个假小子。娜娜隐约感觉到了同学们的变化，也隐约觉得自己似乎有某些地方和她们不太一样，然而，她并不确定自己到底哪里不对。

一天傍晚放学后，娜娜和几个女同学结伴往家走。走着走着，她们身边骑车单车飞驰而过的男同学冲着他们吹响了口哨。这时，那几个女同事都满面羞红，生气地叫道："讨厌！"娜娜不解地问："就是打个招呼而已嘛，你们干嘛骂人家！"那几个女同学面面相觑，最终，丽丽说："你啊，和个

第1章 胸部变大了，聆听花开的声音

男孩子一样，根本不是个大姑娘！"娜娜笑了，说："哈哈，虽然我留着短发，穿着运动服，但是除此之外，我和你们没有任何差别啊！"这时，悠悠缓缓地说："娜娜，你真的没有意识到自己有什么不同吗？"娜娜不以为然地说："咱们都是女生，能有什么不同！我不喜欢穿裙子，无非是因为我觉得穿裙子不方便跑跑跳跳而已！"悠悠笑了，说："你可真是心大啊！难道你没有发现你是'飞机场'吗？"娜娜还是不明所以，反问道："飞机场？哪里有飞机场？"丽丽笑了，指了指娜娜的胸脯。娜娜突然意识到了，又羞又气地跑开了。她一路哭着跑回家，妈妈不知道发生了什么，追着她问，她却什么也不说。后来，在姐姐的再三询问下，她才说："同学们说我是飞机场？为什么她们的胸脯都鼓起来了，只有我还是这么平坦呢？"姐姐耐心地向娜娜解释："娜娜，花儿开得有早有晚，人也是这样的。对于小姑娘来说，渐渐发育的胸部就像是美丽而又娇艳的花朵，能够为女性的人生增添色彩和魅力。但是就像花期有早有晚一样，女孩的发育也是有早有晚的。你看看我，我和你一样大的时候，也是飞机场。但是，现在不是很好吗？"看着姐姐曼妙的身姿，娜娜不由得破涕为笑。

 ∷ 送给青春期女孩的话 ∷

处在青春期的女孩，在面对身体的发育时心理上会经历细微的变化，由刚刚开始时的羞涩，想要遮掩，变为认识到成熟女性身体的美丽，以此为骄傲。事例中的娜娜就是这样，在小学高年级时，她们会因为身体的微妙变化感到羞涩。到了初中之中，经历了一个短短的暑假，她们仿佛已经充分意识到成熟女性的美丽，以自己的身体发育为骄傲。不过，每个女孩的发育并非是统一时间的，这也就会导致有人发育得早一些，有人发育得晚一些。作为女孩子，我们应该正确认识自己的身体发育，给自己的身体以充足的时间，让它慢慢绽放。

1. 为什么有的女孩发育得早？有的女孩发育得晚

当女孩子长到13岁到17岁之间时，会感觉到自己的乳房开始迅速发育。

刚开始时，只是乳头凸起，后来，乳房里的乳腺开始发育，脂肪和血管越来越多，最终导致整个乳房隆起。绝大部分女孩子会在16岁到19岁之间，乳房发育成熟。不过，因为体质、摄入营养等原因，女孩子的乳房发育时间并非是完全一致的，前后相差几年是很正常的。

2. 作为女性，胸部在发育之后，大小会有差异吗

女性的胸部发育有很大的个体差异，有些人的胸部天生比较大，有些人的胸部天生比较小。此外，和人的胖瘦也有一定的关系。即使对于一个人而言，两个乳房也并非完全相同大小的。所以，只要发育是正常的，我们完全无须因为胸部的大小而苦恼。

3. "飞机场"对女孩子未来的生活有影响吗

人们通常以为女性的乳房只能起到哺乳的作用，其实不然。女性的乳房除了哺育后代之外，最显著的作用就是美观。另外，通过观察乳房的性状，我们还能发现很多隐性的疾病。由此可见，乳房的作用是多方面的。对于女性朋友而言，由于体质、遗传等方面的原因，有一部分女性的乳房很平坦。但是，只要是健康的，并不影响身体的健康，也不妨碍哺乳。

害怕，乳房有些难以述说的异样

昨天的体育课上，全班同学的运动项目都是扔铅球。作为女生里的"大力臂神"，悠悠理所当然地还是排名第一。为了让女同学们更好地向悠悠学习扔铅球的姿势，体育老师还专门让悠悠为大家示范了几次。但是，体育课之后，经过一整夜酣甜的睡眠，悠悠早晨醒来时突然觉得胸部隐隐作痛。刚开始时，她以为是头一天体育课上扔铅球太累了，肌肉疼。然而，疼了整整

第1章 胸部变大了，聆听花开的声音

一个星期，悠悠依然觉得很疼。这种疼，并不是尖锐的疼，似乎是可以忍受的，但是又有感觉，使悠悠觉得身上是有个地方不太对劲的。洗澡的时候，悠悠打沐浴露时，突然从凸起的胸部摸到了一个小硬块。这个硬块摸上去硬邦邦的，还有痛感。悠悠赶紧检查另外一个乳房，发现另外一个乳房是很柔软的。悠悠吓坏了，赶紧去找妈妈，向妈妈倾诉了自己的苦恼。听说悠悠前段时间扔铅球了，妈妈担心她牵拉到了肌肉，所以带着她去医院的乳腺科进行了检查。一切检查完之后，医生说悠悠什么毛病也没有，只是正常的发育。

悠悠不解地问："那么，为什么一侧发育，一侧不发育呢？"医生笑着说："小姑娘，这是正常的。虽然人的两个乳房有着共同的主人，但是它们的发育并非是完全一致的。像你这样的年纪，正处于发育期，乳房的发育取决于雌激素。也许你有一侧的乳房对雌激素比较敏感，所以发育得更早一些，而另一侧的乳房对雌激素没有那么敏感，因此就相对小一些。其实你可以观察一下自己的双手或者双脚，虽然大多数人都觉得自己的双手双脚是一样大的，实际上，每个人的双手和双脚并不一样大。但是，这对你的生活没有任何影响，因为除了你自己之外，别人是不会发现你的两个乳房发育不同步的。等到你真正发育成熟之后，这种差异就会变得非常微小，几乎没有。"悠悠又问："那么，为什么会觉得痛呢？"医生说："这很正常啊，处在发育期的女性，乳房的乳腺管和血管等都越来越增多，所以难免会觉得胀痛。千万不要挤压，一段时间之后就会好的！"

从医院出来之后，悠悠不好意思地看着妈妈。妈妈却高兴地说："太好了，我的悠悠变成大姑娘了。你知道吗？乳房是女性身上最美好的东西，它不仅使我们的身姿更加挺拔，使我们变得摇曳多姿，也使女人能够更好地承担母亲的角色，用乳汁哺育儿女。当然，乳房也是很娇嫩的，我们必须小心呵护。你做的是对的，一旦发现乳房有任何异样，我们都应该及时来医院检查。这样，乳房才能更美丽地绽放啊！"

:: 送给青春期女孩的话 ::

对处于青春期的女孩而言，在面对发育过程中的种种新奇和不适，我们总是有着很多困惑。对此，有些女孩选择一个人默默地承担，默默地忍受，殊不知，这样是对自己的身体不负责任的态度。对于身体的微恙，我们一定要细心发现，然后及时就医。只有这样，我们才能更好地为自己处于青春发育期的身体保驾护航。

1. 乳房里为什么有硬块，而且有疼痛感

从习惯的角度来说，很多人都觉得月经初潮的到来标志着女孩进入青春期。其实，乳房的发育远比月经初潮要早，是最早出现的第二性征。通常情况下，女孩长到8~12岁，乳房就会开始发育。发育之初，构成乳房的乳腺以及乳腺周围起到保护作用的脂肪组织会在乳房和乳晕周围形成一个小小的鼓包，就像一元钱的硬币一般大小，这就是乳蕾期。在这个时期，少女的乳房里会有硬块，而且会有疼痛感。不过不用担心，因为这种感觉随着发育会渐渐消失，不会伴随我们一生。

2. 乳房的两侧为什么不一样

乳房的发育与雌激素息息相关，因为每一侧的乳房对于雌激素的敏感度是不一样的，所以，两侧乳房的发育也并非同步。即使在完全发育成熟之后，两侧的乳房之间也会有细微的差异。不过，这种差异是完全可以忽略不计的。

3. 可以戴着胸罩过夜吗

很多少女在乳房刚刚开始发育时，会很羞涩，会穿着束胸，使人不注意到自己凸起的乳房，这是不可以的。还有很多少女穿着胸罩，但是夜晚却不脱下来，这也是不好的，会影响呼吸和血液流通，进而影响胸部发育。

第 1 章　胸部变大了，聆听花开的声音

惊慌，小小年纪突然分泌出乳液

叶倩的烦恼

叶倩是高一女生，她的成绩一直很好，是老师眼中的尖子生，也是学校的重点培养对象。要知道，对于任何学校而言，在生源竞争如此激烈的今天，能够培养几个顺利考进名校的学生，对学校的招生有着不可言说的好处。然而，最近一个多星期以来，老师发现叶倩变得神情恍惚，上课似乎再也无法集中注意力了。原本无可挑剔的作业，如今看上去也变得很潦草。似乎主人有着无尽的烦忧。在观察了叶倩几天之后，比叶倩只大几岁的班主任——刚刚大学毕业的薛老师终于忍不住询问起来。不想，叶倩吞吞吐吐，犹豫再三，也没有说出任何实质性的内容。薛老师理解地问："叶倩，你是不是谈恋爱了。其实，谈恋爱也没什么的。老师完全理解你的感受，毕竟十七八岁的年纪是花一般的年纪，哪个少女不怀春呢？你告诉我，你喜欢谁？我会替你保密的。只要你们携手共进，互相激励，一起考上好的大学，就一定会有美好的未来。"听了老师的话，叶倩嗫嚅着说："老师，不是你想的那样！不是你想的那样！你快别说啦，太害羞啦！"薛老师想不出除了恋爱之外，这样的年纪还会面临怎样的烦恼！因此，她纳闷地问："除了恋爱，还有什么事情会让你心神不宁呢！老师刚刚从你这样的年纪走过，实在是不想看着你继续这样下去！要知道，你的学习成绩始终很好，你应该会有一个非常好的未来啊！"叶倩满面通红，说："老师，我说了你可不许笑我啊！我真不知道怎么说啊！我连跟我妈怎么说都不知道！"薛老师连连保证，叶倩终于鼓起勇气说："我不知道怎么了？……我发誓，我是个好姑娘，我真的从来没有做过不该做的事情……但是……但是……我突然有奶了！"

听了叶倩的话，薛老师如释重负。她笑了，说："可爱的叶倩啊，假如不是我在几年前恰巧有过和你一样的经历，我还真不知道如何解释这种现象呢！你可真幸运，遇到了我。别害怕了，我知道是怎么回事了！"叶倩高兴地问："老师，你真的知道吗？我快羞死了，谁也不敢说啊！""当然知道，我可是咨询过专科医生的！"薛老师笑着说，"其实，一切都是正常的。你就别害怕了！几年前，我也快点儿被吓死了，后来跑到距离学校很远的一家医院，偷偷摸摸地看了医生，才知道这根本没什么啊！这只是因为你身体里的泌乳素过多，才使得你的脑垂体接到命令，开始分泌乳汁！在医学上，也叫高泌乳素血症，只要经过简单治疗就可以恢复！"

听了薛老师的话，叶倩心里的石头终于落地了。

 ∷送给青春期女孩的话∷

对于青春期的发育，很多女孩子都很害羞，遇到自己不了解的状况，就会莫名地惊慌失措。幸好，我们的生活里有细心的老师和妈妈，才能帮助我们安然度过青春期。

1. 乳汁分泌的原理是什么

通常情况下，成熟女性在分娩以后，乳房会分泌出乳汁。那么，她们为什么会分泌乳汁呢？原来，妇女乳房的发育取决于卵巢分泌的雌、孕激素的作用，而乳汁分泌则是在神经系统的控制下产生泌乳素的。没有怀孕分娩之前，女性体内只有少量的仅仅能够维持乳腺正常发育的泌乳素，因而不会引起乳汁分泌。怀孕之后，孕妇体内的性激素显著增高，下丘脑接到妊娠信息之后开始分泌大量的泌乳素，在怀孕末期达到平日的至少10倍。所以，分娩之后三四天的时候，产妇就会分泌乳汁。

2. 未婚少女为何也会分泌乳汁

对于未婚少女来说，她们的下丘脑会产生"泌乳素抑制因子"，所以没有乳汁。但是，有极少数少女的泌乳素分泌过多，导致她们患了"高泌乳素血症"，因而发生溢乳的现象，还会常常伴有程度不等的月经紊乱现象。

第1章 胸部变大了，聆听花开的声音

3.引起高泌乳素血症的原因

引起高泌乳素血症的原因很多，通常有下丘脑性障碍、原发性甲状腺功能减退、垂体障碍、神经刺激、药物因素等。

4.发现有溢乳现象怎么办

作为未婚少女，假如发现自己有溢乳现象，千万不要置之不理，也不要盲目惊慌，而应该及时就医。

别恼，女孩儿你只是该戴文胸了

异样的目光

最近，小小很纠结，很烦恼。小小一向学习成绩好，人缘也好，为什么会有烦恼呢？原来，小小自从第一次月经初潮之后，乳房也开始迅速发育。正在读五六年级的她，看到身边的女同学还是一副不谙世事的模样，不由得感到很害羞。她最害怕的是上体育课，因为体育课上难免要跑跑跳跳，每当这时，她胸前含苞待放的花蕾就会花枝乱颤，使她觉得很难为情。后来，她看到比自己大几岁的姐姐戴起了胸罩，走路的时候看起来端庄贤淑，不由得心生羡慕。趁着姐姐去外地工作的时候，她拿起姐姐的胸罩穿戴起来。果然，这个胸罩很好，上体育课的时候，她可以放心地蹦跳了。就这样，她一连几天都带着紧绷绷的胸罩，甚至连睡觉也没有摘下来。

一段时间之后，小小突然觉得胸部很疼。她很害怕，担心自己生病了，赶紧把这件事情告诉了妈妈。了解情况之后，妈妈也很担心，第一时间带着小小去了医院，看了专科医生。医生再问清楚事情的经过之后，建议妈妈先带着小小做一个胸部彩超，然后再下定论。结果，检查完之后，报告单上清清楚楚地写着一切都很正常。这时，医生说："其实，你什么毛病都没有，

很健康。你知道你的胸部为什么觉得疼痛吗？其实，都是你的文胸惹的祸啊！你看看，你的文胸穿在身上紧绷绷的，再加上你晚上睡觉也不摘下来，所以，这就使得你的血液流通不顺畅，也使得你的胸部发育受到了阻碍。"这时，小小为难地说："但是，如果不穿，多难为情啊！"医生笑了，说："这有什么难为情的呢？要知道，乳房可是女性身上最美丽的所在啊！现在，你正处于青春发育期，假如这个时期的乳房没有得到很好的发展，势必对以后也造成负面的影响。如果你进行剧烈运动，是可以短时间穿戴文胸的。但是，假如你每天都穿着，而且是在这么紧的情况下，胸部就会受到束缚。你之所以感到疼痛，也正是因为乳腺管和血管胀痛的原因。对于你这个年纪的孩子来说，完全没有必要穿戴文胸。你可以让妈妈给你准备几个小背心穿上，这样会更舒服一些。"

从医院出来，妈妈顺道去商场给小小买了松紧适度的背心。这样一来，小小稚嫩的乳房又可以舒适地发育了。如果知道体育课上有剧烈活动，小小就会提前穿上文胸，但是一旦课程结束，她会马上摘掉。如此一来，她再也没有被同学们以异样的眼光注视着，也再也没有因为穿戴胸衣而感到不适了。

 :: 送给青春期女孩的话 ::

对于青春期女孩而言，看着自己每天都在发育的身体是一件很神奇的事情，也是一件充满好奇的事情。对于自己身体的细微变化，她们有的人能够坦然相对，有的则紧张不安。其实，我们应该正确了解自己的身体，这样才能更好地照顾自己的身体。凡事都不能过早或者过晚，恰到好处才是最好的。

1. 少女为何要戴文胸

处于青春期的少女，乳房迅速发育。乳房是由脂肪和乳腺组成的，依靠结缔组织作为支撑，没有肌肉组织。所以，需要穿戴文胸以帮助起到支撑的作用。

2. 少女何时穿戴文胸合适

通常情况下，女孩子长到十六七岁的时候，乳房发育达到了一定水平，

第1章　胸部变大了，聆听花开的声音

可以佩戴文胸了。但是，每个女孩的发育情况都有早有晚，所以，可以自己用软尺测量乳房的上部经乳头到乳房下部之间的距离，假如达到16厘米，就能够穿戴文胸了。

3. 文胸穿戴过早，对胸部的发育有何影响

假如在乳房发育达不到一定程度的时候就过早地穿戴文胸，就会使胸部血流不畅，也会影响乳腺的正常发育，严重的还会对将来的生活造成影响。

4. 文胸穿戴太晚，对胸部的发育有何影响

女孩子的乳房经过发育之后，假如不穿戴文胸以起到支撑的作用，就会使乳腺负担过重，影响血液流通，导致血液淤滞，从而引发乳房的诸多疾病。此外，在进行剧烈运动时，也应该穿戴文胸，不然，乳房很容易受到伤害，严重的还会导致乳腺炎。

别愁，要选择适合自己的文胸

可恶的"肩带"

在上小学五六年级时，小叶的胸部就开始发育了。不过，那个时候班级里的大多数女生都还是小孩子，所以，每到夏天，小叶就会在薄薄的衣服里面再穿一件小背心。尽管每次体育课上，她都因为胸前的"花蕾"而羞涩，但是只能勉强对其视若无睹。到了初中之后就好多了，尤其是到了初二时，班里的大多数女同学都像成熟的女性一样穿起了文胸，这使小叶感到很放松，因为她也终于可以不担心别人投来的异样眼光啦，她也终于可以堂而皇之地穿文胸啦。但是很快，小叶又陷入了烦恼。不知道为什么，她文胸的肩带总是会掉下来。有一天上课，她正应老师的要求去黑板上板书，这时，她的肩带突然掉下来了。小叶羞得满脸通红，恨不得找个地洞钻进去。幸好，当时

已经是初秋了，她穿着厚厚的毛衣，很少有人能够注意到她的尴尬。又有一次，小叶在体育课上为同学们示范跳马，跑到一半的时候，她戛然而止，向老师申请先去一下洗手间。老师和同学都不明所以地看着她，还以为怎么着了。小叶心有余悸，很担心到了夏天的时候，这个不听话的肩带也会时不时地逃跑，开小差，出她的洋相。那可怎么办呢？

回家之后，她把这件事告诉了妈妈。妈妈想了想，说："肯定是肩带太松了，我帮你调节一下吧！"妈妈对比着小叶的肩膀，细心地把肩带调整好，还用针线缝了一下，以便更好地固定。然而，后来又不止一次，肩带再次脱落了。没办法，妈妈只好带着小叶去了专业的内衣店，想买一款肩带不会掉的文胸。听了小叶诉说的烦恼，再看看站在一旁一筹莫展的妈妈，内衣店的销售员笑着说："哈哈，放心吧，这可没什么大不了的。你的肩带会掉下来，这很正常啊，因为你没有为自己选择一款'正确'的文胸。""正确？"小叶疑惑不解地看着销售员，问："文胸还分正不正确吗？这又不是考试。"妈妈也不明所以，说："是啊，我买了半辈子的文胸，每次只要挑选自己喜欢的就好了呀！"销售员一边摇头，一边说："所以啊，你们才需要我们这样专业的导购。有的女性穿了一辈子内衣，也未必穿对了呢！"说完，销售员为小叶检查了肩部和胸部，为小叶推荐了一款文胸。小叶和妈妈买了文胸之后半信半疑地走了，果然如销售员所说的，小叶的这款文胸的肩带再也没掉过。没过多久，小叶就和妈妈再次去了那家内衣店，又买了好几件文胸。这次，销售员把奥秘告诉了小叶："小妹妹，记住哦，你是属于'斜肩型'。换句话说，你的肩部非常瘦削，普通文胸的肩带很容易滑落。你可以看看，我给你推荐的文胸肩带都是交叉型的，所以才不容易掉呢！"原来如此，小叶恍然大悟。

::送给青春期女孩的话::

正如事例中内衣店的销售员所说的，很多女性穿了一辈子的文胸，却未必知道应该怎样为自己选择合适的文胸。事例中的小叶文胸的肩带常常滑落，

第1章 胸部变大了，聆听花开的声音

这只是文胸不合体的一个小小的表现。还有一些女性因为穿戴不合适的文胸，导致原本挺拔的胸部看起来平塌塌的，还有的女性因为穿戴的文胸罩杯不合适，使胸部无法得到更好的支撑和托举。诸如此类的问题有很多，在为自己选择文胸之前，我们都应该一一了解。

1. 文胸的罩杯如何选择

每一个女孩都爱美，也希望自己有一对健美的乳房。这样就要求女孩们在选择文胸的时候，要选择合适的罩杯。因为合适的罩杯不仅能使女性的胸部看起来更美，身形更加挺拔，也能更好地托举和包裹胸部。

2. 胸部松弛或者外扩的人应该穿哪种文胸

每个人的胸部都有不同的特点，并非每个少女都有着最完美的胸部。因此，在生长发育期间，少女朋友们应该及时观察自己的胸部，找到最适合自己胸部的文胸。对于胸部松弛或者外扩的人而言，应该穿有钢圈且有往内推举功能的文胸。

3. 文胸是棉质的好还是蕾丝的好

对于正处于青春发育期的少女而言，身体的健康是第一位的，千万不要盲目追求好看。尽管每个少女都有蕾丝情节，但是文胸还应该以纯棉的为佳，因为纯棉的透气性和吸湿性都比较好，穿戴起来更加舒适。

肩带滑落怎么办？

肩带滑落，可以穿肩带交叉的文胸，或者肩带的位置比较靠里的文胸。

别懒，要会正确佩戴和清洗文胸

买文胸到底要花多少钱

最近，刚刚进入大学的小娜简直要崩溃了。原来，19岁的她已经发育

成熟，身材窈窕。再加上如今的孩子们都早熟，所以女生们在一起也是会常常比较谁更美一些的。然而，小娜突然发现自己高中时候的文胸都没法穿了。那时，她根本没有注意到自己的文胸已经变得非常松垮了，因为她成天都穿着校服，其他女生也是一样。即使是再好的身材，似乎也无从展示。如今却大不相同了。大学校园里，所有女生都花枝招展，就像亭亭玉立的模特。偶尔有个别女生有些胖，也会马上当机立断地减肥。看着那些能够凸显身材、尽显美丽的衣服，小娜突然觉得自己的文胸都得淘汰了。她一意识到这个问题，马上就展开行动，去为自己花了一百多块钱买了两个文胸。在小娜眼里，一百多块钱两个文胸可是足够贵了，要知道，这可是她一个多星期的生活费呢！穿着崭新有型的文胸，小娜突然间变得自信起来，走路昂首阔步，身姿摇曳。当然，与此同时，她也过上了节衣缩食的生活，谁让她把一个星期的生活费都挥霍了呢，直接导致的后果就是下一个多星期，她每天只能按照平时半天的标准花费。

小娜喜滋滋的，没多久，就变得沮丧起来。原来，内衣导购口中号称不会变形的文胸只穿了短短的一个月，就变得软塌塌的了，毫无形状可言。看着自己省吃俭用买到的文胸变成了这副德行，小娜不由得怒气冲冲。她找到一个不透明的袋子，拎起来就去找那家内衣店了。到了店里，导购问她："小妹妹，你是如何清洗文胸的？""没怎么特殊地清洗啊，和以前一样。"导购耐心地问："不对啊，我们店里的文胸都是品牌的，版型和材质都很好，不可能穿了一个多月就变形的。我也穿过这款文胸，穿了两年才换呢！那么，你平时是怎么清洗文胸的呢？"小娜不以为然地说："那还怎么清洗啊，就是和其他衣服一起扔到洗衣机里洗啊！自从穿文胸，我就是这么洗的啊！"导购惊讶地问："你扔到洗衣机里了啊！小妹妹，不是我说你。你是小姑娘，应该知道，文胸和内裤都应该手洗的。洗衣机里藏污纳垢，多么不卫生啊！而且，你把文胸和其他衣服一起扔到洗衣机里洗，还要强力甩干，肯定会导致变形的！即使是手洗，也要注意方式方法呢！文胸不是说材质和版型好就一定不会变形的，最重要的是使用过程中也要好好地保养。"小娜惊讶地张

第1章　胸部变大了，聆听花开的声音

大嘴巴，问："文胸这么娇贵啊！"导购笑了，说："那当然了，因为它保护的也是你身上最娇贵的部位啊！"

 ∷ 送给青春期女孩的话 ∷

进入青春期之后，很多女孩子都开始需要佩戴文胸了。在佩戴文胸的时候，除了要选择适合自己的文胸之外，我们还应该学会正确的佩戴方法。佩戴文胸一定要妥帖，诸如空杯、过紧等情况，不但不美观，还会影响胸部的发育。此外，很多女孩子为了追求美好的体形以及更好的塑身效果，会买比较贵的文胸。其实，文胸未必贵的就是最好的。在材质符合要求的情况下，适合自己的版型才是最好的。另外，有了一款好的文胸，在清洗的时候也要注意。因为文胸通常都是比较柔软的材质，是很容易变形的。只有采用正确的方法洗涤，才能延长文胸的使用寿命。

1. 错误地穿戴文胸会引起什么后果

大多数人以为文胸穿戴不正确只会影响乳房发育，其实，文胸穿戴不正确还会损伤颈椎。出现颈部酸痛、恶心、头晕等症状，甚至导致颈椎肥大性改变。

2. 如何正确地穿戴文胸

穿戴文胸的时候，首先要把手臂穿过肩带，使其挂在双肩上，向前倾斜大约45度，然后再扣上后背的挂钩；其次，要抬头挺胸，将乳房全都挂在文胸的罩杯中，以便起到托高胸部的作用；接下来，要把文胸边带的皱纹捋顺。最后，要反复地举起双手，再放下双手，直至确认文胸合身为止。

3. 清洗文胸的注意事项有哪些

清洗文胸一定要手洗，千万不可机洗甩干。洗完之后，不要旋转拧干，而要将两个罩杯对起来，轻轻地挤出其中的水分。而且，洗文胸的时候一定不要用柔顺剂，否则原本挺括的罩杯就会变得软塌塌的。为了保持文胸的色泽艳丽，晾晒时还要避免阳光直射。

10~18岁青春叛逆期，父母送给女孩的枕边书

别急，用科学帮助你的乳房发育

原来，健康才是美

上了初中之后，有段时间小美非常苦恼。因为与她同班的女生全都长成亭亭玉立的大姑娘了，胸脯高高地挺起，腰肢纤细，亭亭玉立，只有她，还是一片飞机场，再加上留着精干的运动短发，看起来活脱脱一个"假小子"。有一次，她和女伴逛街时去公共厕所，看厕所的老太太使劲跟在她后面喊："这是女厕所，女厕所。"没办法，她只好尴尬地回头冲着老太太笑了笑。为此，她多次埋怨妈妈："妈妈，你看看，你怎么把我生得像个男孩子啊！不过倒也好，省了买文胸的钱了！"听了小美的抱怨，妈妈哭笑不得。

有一段时间，小美觉得自己的胸部微微凸起了，但是却很疼。为此，妈妈陪着她去看了乳腺专科的医生。医生在给小美进行仔细检查后，说："没关系，你很正常。因为处于'乳蕾期'，所以才会有乳核，才会有胀痛的感觉。过了这个阶段之后，就好了。"小美疑惑地问："大夫，您是说我的乳房在发育吗？但是……但是……它们看起来还是很平坦啊！我的其他同学，她们都变成大姑娘啦！"医生听了小美的话，笑着说："呵呵，你这个小姑娘，观察得还挺细致。的确，每个女孩的胸部发育时间是不一致的，有的早些，有的晚些。同时，每个女孩的胸部发育也不是一样大的。不过，这都没关系，只要是健康的就好。当然，现代社会，很多女孩会为了爱美去隆胸，其实这是完全没有必要的。每个人的审美标准都是不一样的，所谓'萝卜白菜，各有所爱'。所以，你也完全不必为此紧张。"小美害羞地问："那么，有没有什么办法能够帮助胸部发育呢？这样，看起来会和别人一样。"医生想了想，说："其实，也是有办法的。乳房的发育和饮食以及体育锻炼也有一定的关系。

第1章 胸部变大了，聆听花开的声音

你可以从饮食方面进行调理，也可以进行相关的体育锻炼，这些都能使你更加接近于自己的理想体形。至于具体哪些食物对于胸部发育有好处，哪些体育项目能够帮助你更好地锻炼胸部，你可以再认真地查阅相关的资料。"

听了医生的建议，小美的心情好多了。

 ∷ 送给青春期女孩的话 ∷

现实生活中，每个人都有着独属于自己的面孔、身体和性格。当然，作为我们身体的一部分，每位少女的胸部发育也是完全不同的。有些女孩早些，有些女孩晚些，有些女孩丰满些，有些女孩清瘦些，各有各的美。古人云，身体发肤，受之父母。所以，不管我们的身体是怎样的状态，我们都应该爱惜自己的身体，因为它是父母赐予我们的最好礼物。当然，对于身体的不尽如人意的地方，我们还是应该及早地调理，这样才会拥有更加完美的状态。

1. 哪些食物有利于乳房健康

食用菌类，有利于乳房健康；海带。作为一种大型食用藻类，海带能够辅助治疗乳腺增生；鱼类和海产品中富含微量元素，能够保护乳腺；大豆，大豆食品对乳房健康有很大的好处；坚果、种子类食物含有丰富的卵磷脂、抗氧化剂，并且能够增加人体对维生素e的摄入，可以使乳房组织更富有弹性；蔬菜，水果等也有利于乳房健康；多多食用谷类对乳房具有保健作用、其中，玉米还能起到丰胸的作用；牛奶及乳制品富含钙质，能够对乳腺起到保健的作用。

2. 运动真的能帮助乳房发育吗

乳房是由脂肪、乳腺和胸大肌组成的。其中，基因决定了乳腺发育，这也就使得没有人能够在保持苗条身材的同时使胸部发育更大。不过，运动能够增加胸大肌，使我们的乳房实现第二次"发育"，令胸部更挺拔。

3. 哪些运动项目能够帮助乳房发育

能够增加胸大肌的运动项目都对乳房发育有好处。

别慌，学会正确保护乳房的知识

不小心的伤害

最近，艾薇觉得自己的乳房突然变得非常松弛。原本，正处于花季的她有着一对非常美好的乳房，它们那么娇小坚挺，似乎蕴含着无穷的生命力。然而，如今，这对可爱的乳房突然变得干瘪起来，艾薇觉得它们就像是妈妈哺乳之后松弛的乳房一样。艾薇不明白这是怎么了，要知道，她可是18岁的少女啊，正是最美好的年纪。但是，她却羞于问妈妈这个问题，因此只好一个人默默承担着。过来几个月之后，艾薇发现自己的乳房还是很干瘪，不由得着急起来。无奈之下，她和好朋友米莉一起去了市区的医院检查。

她们一到医院就挂了妇科，因为这是属于妇女病的范畴。后来，妇科医生建议她们转到乳腺科，于是，她们才辗转来到了乳腺科。艾薇见到医生很不好意思，不知道怎么描述自己的病情。看到艾薇支支吾吾的样子，米莉自告奋勇地替她向医生描述了病情。医生听了之后，详细询问了艾薇很多情况，艾薇一一作答。医生也不知道问题出在哪里了，建议艾薇做个乳房彩超看看。艾薇做了乳房彩超，还是没有任何毛病。这时，站在一边的米莉对艾薇说："哎呀，我就说你是自己吓唬自己吧！你看看，你真是庸人自扰。我要是和你一样三个月减肥20斤，我乐都乐不过来呢，怎么会像你一样胡乱猜疑乳房有毛病呢！""三个月减肥20斤？"医生听了米莉的话，瞪大眼睛问道。米莉说："是啊，她特别厉害。您看她挺瘦吧，其实三个月之前，她比我还胖呢！但是，她特别有毅力，整整三个月都没有吃晚饭，每天晚上都只吃黄瓜和西红柿。"听到这里，医生似乎知道问题出在哪里了。她问艾薇："你晚上只吃黄瓜和西红柿就能减肥这么快吗？"艾薇以为医生在向她取经呢，

第1章　胸部变大了，聆听花开的声音

洋洋得意地说："当然不是。我除了晚上只吃黄瓜和西红柿之外，早晨只喝酸奶，吃一个白水煮鸡蛋。中午呢，也吃得比以前少一些。"医生一拍脑门，说："我知道你的乳房怎么了！是被你饿的！"艾薇疑惑地看着医生，说："乳房又没长嘴巴，怎么会饿呢？！""当然会饿！"医生不容置疑地说，"你的嘴巴就是它们的嘴巴啊！你减肥，身上很多地方都瘦了吧，乳房当然也是其中之一。"听到这里，艾薇似乎明白了，说："您这一说我觉得还真有道理，我的确是减肥之后才出现这种情况的！"医生哈哈大笑，说："傻丫头，你想啊，怎么可能其他地方都瘦了，乳房却不瘦呢！我建议你啊，还是赶快恢复自然健康的美吧！小姑娘胖一点儿也没什么啊，只有在健康的范围内，怎样都是美的！"

这次看医生之后，艾薇当即中止了自己的减肥计划。其实，她原本就不胖，属于匀称型的。她可不想为了变成骨感美人，把自己饿成'飞机场'啊！最重要的，万一乳房早衰，那可就更加得不偿失了！

 :: 送给青春期女孩的话 ::

现代社会，不比当初赵飞燕的时代，几乎每个女人都把减肥当成自己毕生的事业，而根本不去冷静地思考自己到底胖不胖，有没有必要减肥。尤其是处于青春期的女孩，每个人都非常追求所谓的美，更是不遗余力地减肥。殊不知，盲目减肥不但有损于我们的身体健康，还会给我们的某些身体部位造成不必要的伤害。了解了这一点，你还盲目跟风减肥吗？不管什么时候，健康的才是最美的。

1. 如何保养乳房

为了更好地保养乳房，我们应该穿着合适的文胸，切忌过度节食。还要进行适度的运动，保持乳房的清洁，避免细菌感染。当然，女人是情绪化的动物，很容易受到心情的影响。所以,保持愉悦的心情也是对乳房很有好处的。

2. 市面上的那些丰乳产品，可以使用吗

青春期的女孩子，乳房正处于发育阶段，切勿使用那些乱七八糟的丰乳

产品。要知道,天然的乳房才是最健康、最美好的。

3. 乳房切忌受到强力挤压

乳房的软组织受到外力挤压之后,很容易挫伤,还会因此导致乳腺增生,严重的,乳房形状还会发生改变。所以,在日常生活中一定要注意保护乳房,夜晚休息的时候也要保持正确的睡姿,避免压迫乳房。

别怕,镇定判断和自查乳房疾病

洗澡发现的疾病

小米突然住院了,同学们都不知道她怎么了。因为她昨天还好好的呢,今天却住在医院里准备手术了。只有和小米要好的几个同学知道小米的情况。原来,小米得了乳房良性肿瘤,需要手术切除。

小米发现肿瘤的经过很让人匪夷所思,她是昨天晚上洗澡的时候发现的。洗澡的时候,她像往常一样用沐浴球打沐浴露,正在把沐浴露往乳房上涂抹时,她突然觉得右侧的乳房有些异样。从浴室的镜子看上去,右侧的乳房似乎突然比左侧增大了。小米有些纳闷,便用手轻轻地抚摸。这一摸不要紧,吓得她心惊胆战。原来,她在右侧乳房里摸到了一个硬块,就像桃核那么大,还会动。小米赶紧和妈妈说了这件事情,妈妈也吓坏了,当天晚上就带她去医院挂了急诊。做完B超之后,医生宣布小米的乳房里有一个肿瘤。通过肉眼观察和用手触摸,医生初步判断这个肿瘤应该是良性的。不过,这一切都是要等到手术之后进行切片检查才能确定。虽然很遗憾自己的乳房要挨刀子,但是小米很庆幸自己及时发现了疾病。

手术之后几天,切片的结果出来了,果然是良性的。至此,小米和爸爸妈妈都松了一口气。半个月之后,小米完全恢复了,又高高兴兴地回到了大学校园里开始学习。这一切都是一次偶然,并没有在小米的生活中造成太大的影响。

 ∷ 送给青春期女孩的话 ∷

随着社会的发展,现在的医学技术越来越高超。很多疾病,只要发现及时,都能够经过治疗痊愈。而关键在于,发现疾病的时机。上述事例中,细心的小米洗澡的时候发现了乳房的异样,才得以及时治疗。对于青春期女孩而言,身体处于快速发育之中,也会伴随着疾病,所以更要密切关注自己的乳房健康,以便及时发现,及时治疗。

1. 如何进行乳腺自查

乳腺位于体表,很容易发现异样。对于女性而言,每个月都应该进行一次乳腺自查。检查的方法有很多,可以对着镜子检查乳房的形状,也可以通过轻轻地抚摸检查腺体的异常。还可以像事例中的小米一样,在洗澡的时候通过沐浴乳的润滑作用轻轻地抚触乳房,这样更容易发现皮肤下面的肿块。

2. 平卧检查乳房有何好处

平卧的状态下,乳房的腺体组织均匀分布,在四指并拢进行圆周运动时,更容易发现异样。

3. 溢乳能反映出疾病吗

正常情况下,非哺乳期的女性是不会有乳汁的。所以,青春期少女应该注意观察乳头是否有溢乳,一旦发现,就要及时就医。

注意，女孩要对乳房卫生重视起来

丽娜难以启齿的烦恼

最近，正在读高二的丽娜突然觉得乳房非常肿痛。刚开始时，她还以为是乳房发育导致的，所以并没有放在心上。因为她初中的时候曾经发生过一次乳房疼痛，医生说在发育过程中这种现象是正常的。没想到，好几天过去了，丽娜乳房的疼痛现象依然很严重，丝毫没有减弱。昨天夜里，她疼得彻夜未眠，身上一阵阵地发热，居然发起烧来。丽娜不敢懈怠，赶紧打电话给在外地工作的爸妈，让他们回来。

爸爸妈妈从外地千里迢迢地赶回来，第一时间就带着丽娜去了医院。到了医院之后，医生说丽娜得了急性乳腺炎，里面都已经有脓肿了，必须手术清理。丽娜的妈妈听说之后非常震惊，问医生："乳腺炎？不是只有生了孩子的女人才会得吗？她才刚刚高二啊，怎么会得这么病呢？医生，你们还是再仔细查查吧，肯定是哪里弄错了吧！"医生说："怎么可能弄错了！这是医院，凡事都必须本着严肃认真的态度对待，人命关天的大事，不会错的。你的女儿就是患了急性乳腺炎，假如不马上做手术清理，就会影响到她以后的生活。"听到医生再三确认，丽娜妈妈才当了真。她当即逼问丽娜："你是不是在学校谈恋爱了？你是不是瞒着我做了什么事情？"丽娜委屈得眼泪簌簌而下，说："妈妈，我发誓，我没和任何人谈恋爱，更没有背着你和爸爸做出什么出格的事情。我也不知道这是怎么了。我真的不知道！"医生大声说："先别问啦，还是先治疗吧，慢慢再问。"

就这样，爸爸当即为丽娜办理了住院手续，妈妈则全天候地陪伴在丽

第1章 胸部变大了，聆听花开的声音

娜身边。幸亏手术及时，医生清理干净脓肿，丽娜才恢复了健康。在医院住院期间，医生问丽娜："你在学校住宿的条件怎么样？每天能洗澡吗？"丽娜说："不能。我都是到了周末的时候去校外的浴室里洗的。"医生接着问："那么，每次上完体育课等流汗比较多的时候，你怎么清洗自己呢？"丽娜害羞地笑了笑，说："没有清洗啊，学校的宿舍特别小，住了十几个人。"听到这话，医生若有所悟地看着丽娜，说："我大概知道问题出在哪里了！你的急性乳腺炎，就是因为平日里没有及时清理乳房导致的。你看，你们在学校每隔一两天都有体育课，因为流汗很多，文胸肯定都被汗水浸透了。而你却一直穿着，直到又上了一节体育课之后到了周末时，才出校门去浴室洗澡，才换洗，是吧？"丽娜满脸通红地点了点头。这时，医生接着说："以后，你可要注意乳房卫生啊！你看看，一般你们学生穿的文胸都是比较便宜的，材质未免不够好，质地比较粗糙。这种情况下，很容易就会把乳房磨出不易觉察的伤口。再加上汗水的腌渍，得乳腺炎也就不足为奇了。你幸亏就医即时，不然以后的生活一定会受到影响呢！"听了医生的话，丽娜后悔莫及。

∷ 送给青春期女孩的话 ∷

女孩处于青春期，乳房开始发育。发育到一定阶段时，乳头乳晕也渐渐增大。这个时期，尤其要注意乳房卫生。如果不及时清理身上的汗液，再加上乳头或者乳晕和文胸摩擦，出现伤口，很容易就会感染。

1. 导致乳腺炎的原因有哪些

乳腺炎在诸多乳房疾病中是比较常见的，发生的诱因也很多，诸如不注意乳房卫生、细菌入侵、穿着不合适的胸衣、乳房受伤或者乳头受损等。对于哺乳期的女性来说，乳汁淤积也会导致乳腺炎的发生。

2. 乳房受到挤压为什么也容易诱发乳腺炎

乳腺是乳房的重要组成部分，一旦受到挤压，乳腺就会发生炎症，也就是平时我们所说的乳腺炎。乳腺是腺体，非常娇嫩，一定要好好保护，避免

受到外力挤压。

3. 预防乳腺炎有哪些方法

除了要讲究乳房卫生、避免外力挤压之外，还应该选择质地好、合适的文胸，这样才能更好地保护乳房不受伤害。

第 2 章

每月烦心事，"好朋友"到访了别发愁

对于绝大多数女性朋友而言，从成人的那一天开始，我们的一生就注定要和一位"好朋友"形影相随。她就是每个月都如期而至的例假。相信很多女孩都有这样的感受，这个"好朋友"来了，我们觉得烦躁不安，很麻烦，但是万一她没有如期到来，我们又会心神不宁，无限期待。可以说，这是一位让我们又爱又恨的"好朋友"。那么，你应该如何善待这位娇滴滴的"好朋友"呢？

"好朋友"要来了，有何预兆呢

死去活来的"痛"

小丽是个早熟的女孩子，身体发育非常好，所以在小学六年级的时候就来迎来了一生的"好朋友"。

小丽清楚地记得，那是一个周五的下午。当时，因为面临小升初考试，所以课程很紧。那天下午，老师像往常一样正在给同学们讲解前一天做的试卷，小丽突然觉得小腹猛地一疼，就像抽筋了一样。她差点儿喊出来。接着，她的小腹就开始持续地疼了。前排的同学一回头看到小丽满头大汗，连短发的发梢都在往下滴汗，关切地问："你怎么了？"小丽也不知道自己怎么了，只好告诉对方自己肚子疼。同学让小丽请假，小丽不好意思和老师请，因为老师正在聚精会神地讲试卷呢，根本没发现小丽的异常。又过了一会儿，小丽的小腹越疼越厉害了。她咬紧牙关，忍着疼，努力不让自己发出呻吟声。她默默地盼着下课，希望赶紧结束这种从未有过的疼。这时，前排的同学又回头看了看小丽，她压低声音说："小丽，我怎么看你就像要生小宝宝一样呢！电视上，女人要生小宝宝就像你这么流汗！"此时此刻，小丽的发梢全是汗，正在一滴一滴地往下滴呢！

下课铃响了，老师的试卷还没有讲完。小丽再也受不了了，举手向老师报告了自己的情况。老师看到小丽满头大汗的样子，赶紧把她送去医务室。医务室的医生给小丽检查之后，说："同学，你来过初潮了吗？"小丽不知道是什么意思，在医生讲完之后，才羞涩地点了点头，说："上次有一点点红。"医生放心了，说："没关系，这就是你来例假之前的反应。你用热水袋敷一敷小腹，疼痛就会减轻了。"

第 2 章　每月烦心事，"好朋友"到访了别发愁

:: 送给青春期女孩的话 ::

　　由于每个人的体质不同，所以，很多女孩子在例假到来之前都会有不同的预兆。例如，有人来例假之前会像事例中的小丽一样小腹疼，甚至疼得死去活来，有人来例假之前会觉得乳房胀痛，还有人来例假之前会觉得胃疼。也许这些预兆听上去千奇百怪，但是实际上，这些都是和我们的体质密切相关的。人的身体是一个闭合的整体，身体的每个部位之间都有着千丝万缕的联系。很多事情看似偶然，其实却有着必然性。所以，我们要多多了解自己的身体。下面，就为大家列举一些"好朋友"到访之前的预兆，使大家做到心中有数。

　　（1）腰酸背痛，乳房疼痛，小腹坠痛，这些都是月经来前的身体症状。

　　（2）由于精神紧张，很多女孩在来月经之前会变得非常敏感，而且脾气烦躁，因此导致头疼、失眠、注意力分散等。

　　（3）因为月经来前，宫颈和阴道充血，所以白带的量也会变多。

　　（4）对于体内缺锌的女性而言，在月经来前，脸上的痘痘也会疯长。

你的"好朋友"遵守"规矩"吗

"好朋友"为什么姗姗来迟？

　　最近，娜娜很烦恼。因为她的"好朋友"已经两个月都没有来了。说来也奇怪，每次"好朋友"到访，娜娜都很心烦，因为觉得很麻烦，不但脸上长痘痘，还浑身无力，腰酸背痛。但是，现在"好朋友"不来了，她不但丝毫没有觉得轻松，反而更觉得烦心。因为她不知道"好朋友"什么时候就会到访了，也不知道"好朋友"还会不会来了。

就在娜娜的提心吊胆中，一天正在上课时，娜娜突然赶到肚子疼痛难忍。当时，她还以为自己吃坏东西了呢，但是，却丝毫没有想去厕所的意思。好不容易等到下课，娜娜赶紧去了学校的医务室。校医在给娜娜仔细诊治之后，排除了胃疼、阑尾炎等情况，问："同学，你的例假每个月都按时来吗？"娜娜这才想起有可能是姗姗来迟的例假在捣鬼，因此告诉医生："不算很规律。有的时候周期是二十多天，有的时候三四十天，像这次，都两个多月了，还没有来呢！"医生知道是哪里出问题了，对娜娜说："这可不行。女性的身体是很敏感的，尤其是例假，能在很大程度上反映你的身体状况。如果你的例假总是这么不规律，就说明你的内分泌有些失调。你必须好好调理，多多注意。像你这种敏感的体质，例假容易推迟或者提前，你就更要注意，不要受凉，不要吃辛辣刺激的东西。"

后来，医生让娜娜去药店买几包益母草冲剂喝，还开了其他的几种调理例假的药。

∷ 送给青春期女孩的话 ∷

例假就是这样一个让人既爱又恨的"好朋友"。每次她一来，我们就要度过"每个月的那几天"，浑身不适。然而，如果她没有按时到访，我们又会很担心。作为女性，一定要密切关注自己的例假。因为例假能够反映出我们身体的状况，例假是否规律，对我们的身体健康至关重要。医学上，把例假不按时到访的情况叫做月经不调。就让我们看看月经不调的原因和危害吧，只有了解这些，我们才能更好地爱惜自己！

（1）月经提前：身体阳气过盛、喜欢吃辛辣刺激食物及补品的女性，心情压抑、血气不足的女性，都会导致月经提前；饮食不规律、生活压力大、经期爱吃冷饮的女性也会导致月经提前。

（2）月经延迟：很多药物、有害射线等都会导致月经延迟，此外，过度劳累、身体虚弱、精神压力大等，也会导致月经延迟。

（3）月经紊乱的危害：对于30岁左右的女性而言，月经紊乱会使皮肤状况恶化，不利于卵巢的排毒，易使卵巢提前衰老；对于40岁左右的女性而言，月经紊乱会使女性提前进入更年期；对于50岁左右的女性而言，月经紊乱会加重更年期的症状，且出现盗汗等现象，这些都是因为卵巢衰老导致的。

你是如何招待"好朋友"的

招待不周，"好朋友"是会发脾气的哦

也许是因为体质原因，也许是因为成熟得比较早，小丽小学五年级时，就来初潮了。对于只有11岁的小丽来说，这简直是个大麻烦。因为，她根本不知道如何更好地照顾自己。六月的一天，天气特别热。小丽和所有同学一样，顶着太阳在上体育课。老师要求做仰卧起坐的练习和测试，小丽正好来例假了，隐约觉得自己应该请假。但是，她又不好意思和老师明说。她找到体育老师请假，说："老师，我肚子有点疼，能不能不上体育课。"老师说："疼得厉害吗？要是不厉害，就坚持一下吧。因为这节课要测试，如果你请假的话，下次你就要单独和其他班的同学一起再补上一遍。"听到老师的话，小丽不知道该说什么了，她不想去陌生的班级上课，因此只好说自己能坚持。就这样，一节课下来，小丽和同学们一样完成了高强度的仰卧起坐练习和测试。下课之后，她觉得肚子有点隐隐约约的疼。不过，她还是个孩子，一心只想着玩，很快就把这件事情忘记了。

中午放学，班里的同学们都三三两两地走进了冷饮店。小丽也很热，尤其是刚上完体育课。所以，她也不假思索地买了块雪糕吃。吃完之后，还没走到家，小丽就觉得肚子疼痛难忍。她好不容易坚持回到家里，妈妈看到她的脸蜡黄蜡黄的，赶紧带她去医院了。

给小丽检查之后，医生说："小朋友，你还小，很多事情都不懂。其实，来例假期间是不能剧烈运动的。你可以和老师请假啊，把事情说清楚。这样，老师就不会坚持让你上课了。不然，如果运动太剧烈，就会加大出血量。而且，来例假期间，你也不能吃冷饮。你想啊，你刚刚上完体育课，浑身热气腾腾的，再一吃冷饮，对身体的刺激太强了。而且，子宫本身就是喜欢温暖的，尤其是在来例假的时候，子宫很娇弱，受不了寒冷的刺激。所以，你的肚子才会这么疼，脸色也这么差呢！"听了医生的话，小丽很后悔。她说："医生，我知道了。我以后一定按照你说的去做，好好保护自己。"

::送给青春期女孩的话::

面对"好朋友"的到访，小丽的招待简直太糟糕了。她给"好朋友"的享受，恰恰都是"好朋友"消受不起的。所以，小丽也吃到了苦头，不仅肚子疼得难以忍受，小脸也变得蜡黄蜡黄的。对于刚刚初潮不久的女孩来说，很容易因为不了解"好朋友"到访的禁忌，而不小心伤害身体。当然，很多年纪大一些的女性，也常常因为不了解自己的身体而给自己造成痛苦。那么，每当"好朋友"到访的时候，我们应该如何招待她呢？

（1）生理期要注意保暖。子宫是很畏寒的，尤其是在生理期，一定要注意保暖。

（2）生理期要避免洗头，即使洗头，也要在中午洗，洗完马上吹干。否则，湿漉漉的头发很容易导致寒气侵入体内。

（3）不要吃冷饮和喝冰水。否则，会让污血淤积在体内，对身体有害。

（4）不要盆浴。盆浴不利于卫生。

（5）不要剧烈运动，不要过度劳累。

总体而言，在"好朋友"到访期间，我们应该注意保暖，保持心情愉悦，摄入充足的营养。这样，才能使我们的"好朋友"满意，当然，也对我们的身体健康有莫大的好处。

正在上课，"好朋友"不期而至

面对突如其来的"好朋友"怎么办

晓琳最苦恼的事情，是上课的时候"好朋友"突然造访。至今，她还记得自己第一次遭遇这种情况时的尴尬。

那时，她上初三。繁重的课业压得人喘不上来气，尤其是临近中考，她们几乎每天都在头也不抬地做试卷，复习，复习，做试卷。一天，她和同学们又在经历周考。考完之后，晓琳感觉不错，高兴得一蹦三尺高，和同学们冲到了操场上。每次周考之后，他们都可以在操场上疯玩半个小时。玩过之后，老师抱着厚厚的一叠资料来到教室，开始讲课。晓琳听得很专心，突然感到自己的身体有些异样。很快，她就开始如坐针毡，因为她的"好朋友"突然来了。她一下子满脸通红，不知如何是好。站也不是，坐也不是。又加上是在上课，更没办法向老师报告啊，否则，所有同学的目光都会聚集在她的身上。晓琳左看看又看看，根本无心听讲了。思来想去，她终于想出了一个好办法。下课之后，为了遮挡，她脱掉外套，装作不经心地系在腰上。为了掩人耳目，她还自言自语道："这天，都秋天了，还这么热！"遮挡好之后，她迅速向同学借了自行车，甚至没来得及请假，就一路骑车奔回家中。

自从有了这次经历之后，晓琳最害怕的就是上课的时候"好朋友"突然来访。为此，她总是提前几天就开始提心吊胆的。有一次，她的"好朋友"迟迟不来，害得她担心了半个多月。有几天，她不得不提前做好防护措施，以防"好朋友"的到来。

:: 送给青春期女孩的话 ::

其实，晓琳面对的窘境相信很多女性朋友都曾经遭遇过，只不过，有的人是在上课时，有的人是在开会时，有的人是在户外旅游时，有的人是在……各种各样的时候，都有可能遇到这样的尴尬事，因为好朋友真正来的时候并不会提前打招呼。

那么，我们应该如何应对这种尴尬呢？

（1）做好预防工作。其实，大多数人的例假周期还是比较规律的，对于例假要来的日子，还是大概有数的，只不过不知道例假到来的精确时间而已。那么，在例假快来的那一两天，完全可以穿深色的裤子，这样即使脏了，也不容易被看到。另外，还可以使用卫生护垫。例假刚来的时候不会很多，没有必要为了应对例假提前使用闷热的卫生巾，卫生护垫就可以了。

（2）观察自己的身体，预知例假的到来。来例假之前，很多女性都会有身体的轻微不适应，例如有人会觉得头晕，心情烦躁，胸部胀痛等。那么，把你的生理周期再结合这些情况，就会对例假的到来时间估测得八九不离十，做到从容应对。

（3）对于学生而言，上课来例假无疑是一种非常尴尬的情况。有的时候，如果碰到男老师，更不好意把真实情况说出口。此外，当着全班同学以"来例假"为由请假也是很让人难为情的。其实，还有一个更好的办法，能够避免大庭广众之下请假的尴尬。例如，可以给老师写一张小纸条，写明情况。这样，既可以请假，又能避免其他同学知道。

卫生栓虽然方便，也有弊处

"卫生栓"引发的苦恼

小丽最害怕的事情就是每个月的那几天遇到体育课。因为小丽正在读初三，所以体育课也变成了一门非常重要的必考科目，因为中考是有体育加分的。要知道，要想进入心仪的重点中学，除了要尽量保证文化课考高分之外，几十分的体育加分也是一分都不能丢的。但是，这就直接导致了体育课的假越来越难请。每当那几天"好朋友"到来的日子碰巧遇到体育课的时候，小丽总是提前好几天就为请假发愁。后来，她发现同桌娜娜即使来了"好朋友"，也依然上体育课，因此她也效仿了。然而，刚刚上了半节课，小丽就觉得很不舒服，她甚至怀疑自己的外裤已经湿透了。

好不容易挨到体育课下课，小丽赶紧去了洗手间。后来，她问娜娜："娜娜，我真羡慕你啊，你看，你上体育课一点事儿也没有，能跑能跳的。"娜娜故弄玄虚地说："哈哈，这你就不知道了吧，我有秘密武器啊。""秘密武器？"小丽想不明白，这还能有什么秘密武器呢？她追问道："你还有秘密武器对付'好朋友'？"娜娜笑着说："那当然。只要掌握了这个秘密武器，即使量很多，也不影响上体育课啊，甚至想游泳也可以呢！"经过再三追问，小丽终于知道了，原来，娜娜说的秘密武器是卫生栓啊！

又一个"好朋友"到来的日子，小丽也在娜娜的指导下使用了秘密武器。果然，这次的体育课非常从容，没有任何尴尬。让小丽倍感高兴的是，即使不是体育课，也可以使用这个秘密武器，这样就能免除很多烦恼啦！不过，在学校里很难更换卫生栓，所以小丽每次都是中午回家吃饭的时候才更换。这样一来，她的每个卫生栓都要使用四五个小时。几次"好朋友"到来，小

丽都使用了这个秘密武器。然而，有一次，她突然觉得肚子很疼，而且频繁地想要上厕所。去医院检查之后，医生说："你来例假的时候，用什么？卫生巾多久换一次？"小丽说："我在学校不太方便，所以就用了卫生栓，半天换一个。"医生恍然大悟，说："就是卫生栓惹的祸。虽然使用卫生栓很方便，但是卫生是个大问题。再加上你更换的时间过长，导致经血在体内留存时间太久，所以就引发了炎症。你得了宫颈炎，子宫内膜也有轻度炎症。下次，还是使用卫生巾吧，而且要勤于更换，每两个小时左右就要换一次，以保证卫生。"

小丽听了之后很害怕，以后再也不用卫生栓了。即使体育课的时候偶尔用一下，也在下课之后马上换成干净的卫生巾。

::送给青春期女孩的话::

"好朋友"的到来的确是件让人又高兴又烦恼的事情。高兴的是，"好朋友"的到来标志着女性的成熟，烦恼的是，"好朋友"的到来给我们的工作和生活带来了很大的麻烦。在那几天，除了身体和精神上的不适之外，我们还必须每隔两三个小时就要去洗手间更换卫生巾。遇到量多的日子，频率会更快。对于学生而言，这无疑给课间的十分钟活动时间带来了烦扰。所以，小丽自从知道有卫生栓的存在之后，就开始积极地使用卫生栓。卫生栓虽然给我们的生活带来了便利，但是，也同时带来了很多困扰。

（1）使用卫生栓一定要注意卫生。虽然卫生栓使用之后非常方便，能够使"好朋友"到来的女性不受束缚地活动，但是，如果卫生栓长时间放在体内不予更换，就会使经血长时间地留存体内，变成细菌滋生的温床。

（2）更换卫生栓的注意事项。更换卫生栓的时候，一定要首先彻底清洁自己的双手。由于卫生栓是放置体内的，所以在更换的时候一定要注意卫生，否则就会把细菌带入体内，引起炎症。

（3）对于青春期少女而言，使用卫生栓的时候要注意保护处女膜。虽然现代社会不像封建社会那么观念迂腐，但是对于青春期少女而言，更换卫生栓时依然要注意动作轻柔，不要损害处女膜，以免给以后的生活带来困扰。

（4）更换要勤。根据科学统计，那些每两个小时更换一次卫生巾的女性比长时间使用同一块卫生巾的女性，患妇科疾病的概率要小得多。使用卫生栓也是同样的道理，一定要勤于更换。

什么样的卫生巾才算是合格的

贪便宜闯大祸

朱珠今年上大一了。在此之前，她一直在妈妈身边过着衣来伸手、饭来张口的生活，从来不为衣食住行操心。不过，现在上了大学，必须开始独立了。虽然妈妈给了她足够的生活费，但是她还是觉得经济紧张。因为刚刚从妈妈的翼护下独立的她，有太多新鲜的消费。很快，一个月刚刚过半，她的生活费就所剩无几了。

一天，她的"好朋友"来了。以前，她的柜子里总是有着妈妈提前预备好的"苏菲"。看到"好朋友"突然到访，她匆忙去学校门口的超市买"苏菲"。真是不买不知道，一买吓一跳。她看了价格才知道，原来买几包"苏菲"要好几十元钱呢。怎么办呢？她的下半个月的生活费本来就所剩无几了，也不能让妈妈把家里的"苏菲"千里迢迢地邮寄过来了。经过再三比较，她只好买了一种名不见经传的卫生巾，比苏菲便宜了很多很多，只花了十几块钱，就买了三包。朱珠安慰自己："没关系的，反正两三个小时就要换，而且是外用的。"就这样，朱珠几天都在用这种便宜的卫生巾。好不容易等到"好朋友"走了，她原本觉得一身轻松，刚刚高兴了没两天，却觉得自己下身瘙痒，坐卧不宁。原本，她以为过几天就会好的，却无意间发现外阴还长出了小疙瘩。

朱珠害怕了，赶紧给千里之外的妈妈打了电话。妈妈问清楚情况，说："有可能是阴道炎了，你先赶紧去医院看看吧，我这就给你汇款。"朱珠去市医院挂了妇科，经过检查和化验，医生告诉她："你得了真菌性阴道炎。你以前有过这种毛病吗？"朱珠愁眉苦脸地说："从来没有啊！怎么会这样呢？"医生安慰她说："没关系，不是大毛病。不过，你必须一次治疗彻底，否则很容易复发。这可能是由很多种原因引起的，例如身体抵抗力降低，卫生巾不合格等。"在医生的提醒下，朱珠问："哎呀，我以前都用'苏菲'，这次买的卫生巾是杂牌子的，比较便宜。刚来完例假没几天，就开始瘙痒了。"医生说："那就是了，肯定是卫生巾惹的祸。小姑娘，你可不能贪便宜啊！虽然卫生巾是外用的，但是因为女性独特的生理构造，还是很容易感染的呢！"

听了医生的话，朱珠追悔莫及。她暗暗下决心，以后就算在其他地方省钱，也不能买不合格的卫生巾使用了。有些钱是能省的，有些钱是不能省的。

::送给青春期女孩的话::

自从月经初潮之后，在此之后的几十年里，女性注定要和卫生巾结下不解之缘。其实，随着社会的发展，卫生巾也越来越先进了。比起过去女性用稻草、破布等招待"好朋友"，现代的女性无疑先进了很多。然而，面对琳琅满目的卫生用品，我们还是要瞪大眼睛，精挑细选的。有很多女性都觉得卫生巾无所谓，只要能起到基本的防止渗漏的效果就行。其实不然。由于女性特殊的生理构造，假如不选择合格的优质的卫生巾，就很容易引起妇科疾病。那么，什么样的卫生巾才算是合格的呢？

（1）质地。质量好的卫生巾质地紧实，粉尘比较少。对着光看，里面的棉质非常均匀，很少出现厚薄不均的情况。

（2）气味。卫生用品在加工过程中会添加一些东西，为了验证添加的东西质量如何，可以闻闻卫生巾的气味。质量好的卫生用品没有异味，质量不好的卫生用品会有刺鼻的气味。另外，现在市面上有很多带香味的卫生用品，其实这对生理健康都是很不好的。选择时，最好选择无味的产品。

（3）最好选择柔棉网面的卫生巾，不要选择干爽网面的。柔棉网面的比较亲肤，刺激性小。干爽网面的卫生巾容易过敏，也不太透气。

（4）如果不会挑选，可以尽量选择大品牌的卫生巾。虽然未必最贵的就是最好的，但是最好的肯定不是最便宜的。现在大的企业都爱惜自己的品牌，一般不会干砸自己招牌的事情。

了解卫生巾的正确使用方法

给卫生巾找个好去处

最近，小米得了霉菌性阴道炎。下身总是感觉很瘙痒，白带也带着一股鱼腥味。因为这个可恶的毛病，她非常烦恼。因为每次她去医院拿药治疗一段时间，病情就会缓解一些。而一旦过了一段时间，有的时候仅仅过了一个例假周期，就会又犯。如此几次三番，小米简直要崩溃了。

在又一次来到医院挂妇科时，她不惜花了一百块钱挂了个专家号。等了一个多小时，终于见到专家了，了解病情以后，专家笑着说："你这是小毛病啊，没有必要挂我的号啊，这么贵，挂普通妇科就能看。"小米苦恼地说："哎，您也许觉得是小毛病，但是我却觉得难受死了。您不知道，我已经治疗好几次了。每次治好，只能维持一段时间。短则一两个月，长则三五个月，必然又要来医院。这到底是怎么了呢？我想彻底治疗。"专家说："霉菌是这样的。它其实是我们平时说的脚气差不多，经常容易犯，不容易除根。你治疗的时候不要治好就停止，而要持续用药三个月左右，等到复查的时候没有霉菌了，再停药。而且，在治疗期间，每次例假前后你也要用药，因为来例假时是容易犯的。"小米为难地说："啊，没完没了了！"专家继续说道：

"还有,如果你感冒了,身体抵抗力下降,或者服用抗生素,霉菌也容易复发。要知道,真菌的生命力是很顽强的呢!"

医生开了药之后,小米又问:"那么,我这是什么原因引起的呢?我很讲究卫生,短裤都是用肥皂手洗。每次来例假的时候,我基本一个多小时就换一次卫生巾,就怕不卫生。为了换卫生巾方便,我专门在厕所也放了一大包卫生巾,上厕所的时候随手就换了。"医生听了小米的话,沉思片刻,说:"内裤用肥皂洗完之后,一定要多冲洗几遍。因为我们的阴部是有自己的酸碱平衡的,肥皂是强碱的,如果打破它的平衡,它就会生病。另外,你家的厕所有窗户吗?"小米不知道医生为什么这么问,疑惑地反问:"大部分厕所都没有窗户啊,这有什么问题吗?"医生说:"厕所如果没有窗户,就会比较潮湿。如果你一连几天都把卫生巾放在厕所,卫生巾就会吸收很重的潮气,对健康不利。"听了医生的话,小米直呼有道理。因为她实在想不出自己哪里做得不够好了。

回家之后,她举一反三,觉得自己把毛巾、内裤等洗完之后放在厕所阴干也是不好的,而应该放在太阳底下暴晒。就这样,她给家里的厕所来了个大革命,把所有毛巾、纸巾、内裤等都放到了阳台的阳光下。如此,经过一段时间的治疗之后,她的霉菌性阴道炎果然痊愈了。

:: 送给青春期女孩的话 ::

女性的生理结构特殊,所以,女性应该更加珍爱自己。就像事例中的小米一样,虽然她处处注意,但只是因为一些小的细节没有注意到,就给自己带来了疾患。虽然阴道炎对于很多女性而言都是常见病,但是却会给我们的工作和生活带来很大的困扰。那么,你会用卫生巾吗?

(1)卫生巾要放在通风干燥的地方,最好放在有阳光的地方,不要放在阴凉潮湿的地方,否则容易吸收潮气,滋生霉菌。

(2)使用卫生巾,尤其是在天气闷热的时候,必须及时更换,否则容易滋生霉菌。

（3）更换卫生巾时,首先要把双手洗干净,避免干净的卫生巾沾染细菌。

（4）卫生巾开袋之后最好尽快用完,以保证卫生。

瘙痒是卫生巾导致的吗

都是牛仔裤惹的祸

自从上次贪便宜买了低价的卫生巾使用之后,朱珠就深受瘙痒的困扰。看完医生之后,她暗暗下定决心,以后不管从哪里省钱,也不能买便宜的卫生巾用了。她果然说到做到,从此再也没有买过便宜的卫生巾,每次都选购"苏菲"等大品牌的卫生用品。然而,没过几个月,她又开始觉得瘙痒了。这次,她没有再给千里之外的妈妈打电话求援,而是直接去医院挂了妇科看医生。

经过检查和治疗,医生说,你的霉菌性阴道炎复发了。朱珠很困惑,她问："但是,我最近都是用的很好的卫生巾啊,而且每隔两个小时就换一次,有的时候一个多小时就换一次。为什么会犯毛病呢?"医生笑着说："霉菌就是真菌啊,它的生命力是很顽强的。也许你刚开始的时候的确是因为质量差的卫生巾导致的,但是,你身体的平衡环境被打破了,所以,只要再稍微有些不适,就很容易复发。"朱珠继续问道："这虽然不是什么大毛病,但是很影响我的学习和生活。医生,您能告诉我如何根治吗?另外,您能不能告诉我生活中需要注意哪些才能防止复发呢?"

医生沉思片刻,说："其实,很多女性都和你一样受到这个问题的困扰。不过,女性的生理结构特殊,霉菌的引发有很多的原因。例如,我以前的很多病人有的爱吃辛辣刺激的食物,有的居室里很少有阳光。就像你,穿着的衣服也许也有一定的原因。例如,内裤要穿纯棉的,这样舒适透气。另外,

我发现你每次来的时候都穿的是牛仔裤。当然，其他和你年纪相仿的女孩子也都偏爱牛仔裤呢。但是，牛仔裤虽然穿着好看，却有一个很大的问题，就是太厚了，透气性不太好。这样，也容易引发霉菌。"听了医生的话，朱珠不由得在心里琢磨了一下自己所有的裤子。还真是，以前在家里生活的时候，都是妈妈给她买衣服，妈妈喜欢让她穿纯棉的运动服。现在呢，进入大学之后，看着女同学们都穿着各种风格的牛仔裤，衬托得双腿修长，所以她给自己买的所有裤子几乎都是牛仔裤。与此同时，她把从家里带来的运动服压箱底了。

回到宿舍之后，朱珠换下了牛仔裤，穿上了久违的运动裤。穿惯牛仔裤之后，她还真觉得穿运动裤有些不习惯呢。又肥又大，一点儿形状都没有，而且，太宽松了，让双腿突然享受自由。经过坚持用药，朱珠的霉菌很快又被打败了。这次之后，朱珠再也不会接连很多天都穿牛仔裤了。她学会了搭配，学会了让自己的身体享受舒适和自由。

∷ 送给青春期女孩的话 ∷

自从牛仔服饰风行以来，几乎所有的年轻人都被牛仔服饰俘虏了。大街小巷，每个人都穿着牛仔外套、牛仔裤。一则是因为这样比较拉风，二则也因为牛仔耐磨的特性，使穿着的人有着更多一份随意和坦然。不过，牛仔裤虽然好，也是有弊端的。就像事例中的朱珠一样，如果每天都穿着闷热不透气的牛仔裤，身体就会提出抗议哦！其实，女性瘙痒的原因有很多，除了牛仔服饰之外，还有很多因素会导致我们的身体提出抗议！

（1）床单要经常换洗，放在阳光下暴晒消毒。也许有的女性朋友会说，床单并不会跟身体亲密接触啊，其实不然。夏天的时候，女性穿着薄薄的衣服坐公交车等，如果前一个乘客恰巧是有霉菌的，也很有可能被传染上，更何况是每晚都要躺在上面安然入睡的床单呢？

（2）内裤要用酸碱平衡的清洗剂清洗，洗完之后要冲洗干净，不要有洗涤剂的残留，然后再放在阳光下暴晒消毒。紫外线是很好的杀毒剂，要学会利用这个天然的杀毒剂。

（3）尽量少吃辛辣刺激的食物，尤其是"好朋友"到来的那几天。"好朋友"到来的那几天，身体处于比较脆弱的状态，所以要好好保护，避免食用辛辣刺激的食物。

（4）少吃甜食。

（5）保持心情愉悦。女性是很容易受到情绪影响的，如果情绪紧张、心理压力大，就会引发身体状况的失衡，导致疾病的发生。

"好朋友"造访期间如何清洁

都是洗液惹的祸

小爱是一个非常爱干净的女孩子，她特别注意个人卫生，不但有专门清洗内裤的盆，还有专门清洗袜子的盆，还有专门清洗外套的盆。所以，寝室里的人大多数只有三个盆，一个洗脸，一个洗PP，一个洗脚。至于洗衣服，就拿对应的盆。但是她却有六个盆，因为她不管什么都要专盆专用。

前段时间，小爱无意间看到超市里正在促销女性私处的洗液，还是一个很大牌的女明星代言的呢。因此，她也兴冲冲地买了好几瓶。她想，大明星说的总没错，自己也要做如花的女人。买回洗液之后，每当"好朋友"到来的日子，小爱就一天都不落地用洗液。刚开始用的时候，也许是心理作用吧，她真的觉得这种洗液非常神奇，甚至觉得整个人都变得清爽了很多。然而，几个月过去了，小爱突然觉得自己的私处很不舒服。去医院一检查，医生说她得了细菌性阴道炎。小爱惊讶地张大嘴巴，很久才说："不可能啊，我每次来好事的时候都用那个大明星代言的洗液呢！那个洗液有很好的消毒和清洁作用，我怎么可能感染细菌呢！"医生听了之后，不以为然地说："你

以前有过这种情况吗？"小爱说："从来没有过啊！"医生斩钉截铁地说："那就对了。就是洗液惹的祸。其实，人体本身就有很好的酸碱平衡的环境，各种菌群在一起相互制约，彼此共生。而你用的洗液，即使打着酸碱平衡的招牌，也未必能够真正做到酸碱平衡呢！你总是用洗液洗，无形中就破坏了身体本身的酸碱度，导致那些菌群之间失去平衡，无法相互制约。如果其中的某一种菌群占据上风，身体就生病啦！""那，那，那……"小爱疑惑地问："那我到底应该怎么清洗呢？"医生反问："你以前怎么清洗？"小爱说："就是用温水啊。"医生笑着说："那不就是了。还像以前一样就好，用温水。别把身体想得那么娇嫩，自然的才是最好的！"

医生给小爱开了一点儿治疗的药，再三叮嘱她一旦症状好转，千万不要再用洗液了。小爱按照医生说的去做，身体果然变得和以前一样健康了！

::送给青春期女孩的话::

对于"好朋友"的到来，每个女孩都怀着喜忧参半的心情，不知道如何招待是好。所以，女孩们花样百出，有的用洗液，就像事例中的小爱一样，有的像老辈说的那样不能清洗私处，甚至不敢洗头。那么，"好朋友"到来的时候，到底怎样清洁私处呢？

（1）女性一定要使用干净的纸品清洁私处。很多女性习惯于把卫生纸等卫生用品从包装中抽出来，方便使用。其实，这是错误的。因为卫生纸等卫生用品抽出来之后，放在包里，容易和钥匙、手机等肮脏的东西混杂在一起，很容易沾染细菌。

（2）"好朋友"到访期间，清洗私处时，一定要用温开水清洗。因为"好朋友"到访期间，私处很脆弱，容易受到细菌的感染。所以，一定要将开水晾凉，变成温开水，再清洗。

（3）清洗私处时，一定要从前往后，这样更有利于卫生。

（4）清洗私处时，一定要使用淋浴。

（5）清洗私处时，最好使用清水，而不要滥用洗剂。

月经期的不适合和禁忌

"好朋友"来了，洗头也有讲究

莉莉很爱干净，几乎每天都要洗头。她最不能忍受的就是头发油腻，散发出头油的厚重味道。所以，看到宿舍里的室友一来例假就不洗头，她很不能忍受。尽管大家多次劝她不要在例假期间洗头，她却说："亏得你们还是大学生呢，这么封建思想，这么老迂腐，这么不讲究卫生。"刚刚开学的时候还好，因为天气比较热，头发不吹干也没关系。中秋节之后，天气越来越冷，莉莉就遇到了难题。原来，读大学之前，莉莉一直在家里生活，所以每天洗头之后可以用吹风机吹干。然而，读大学之后，因为宿舍里不允许使用大功率电器，只允许给手机充电，所以她就无法使用电吹风了。假如每天去校外的发廊洗头、吹干，无疑太奢侈了点，而且时间也不允许。因此，莉莉每天傍晚洗头之后，有的时候睡觉时也未必能干。

一次例假，莉莉再次不顾大家的劝阻洗头，从宿舍往教室走的时候，头发梢都结出冰碴子了。大家都开玩笑，说莉莉是冰雪王国来的公主。到了晚上睡觉时，莉莉的头发也还没有彻底干透，她就这么睡了。不想，到了半夜，莉莉开始头疼起来，而且例假也变成了黑红色的血块，小腹也隐隐约约的疼。

第二天，莉莉去学校的医务室找医生开药。医生在问清楚缘由之后，说："虽然来例假期间并不像其他女生说的那样不能洗头，但是还是要注意洗头的时机和方式。比如，洗完头之后要及时吹干，因为头皮是很容易受到冷气侵袭的。再如，睡觉之前最好把头发吹干，因为人睡着之后头皮很容易受风。由于你们在学校，条件不是很方便，所以，你可以选择中午太阳好的时候洗

头。如果没有吹风机，就多准备几天干毛巾，尽量把头发擦干。"

莉莉回到宿舍之后，就把校医说的转告了同宿舍的室友们。从此以后，大家都知道如何在"好朋友"到访期间正确地洗头了！

::送给青春期女孩的话::

好朋友到访期间，很多女性都会有不适的出现。女性的身体是一个很神奇的系统，需要我们小心地呵护。因此，千百年来，有很多关于月经期间的禁忌。那么，随着生活水平的提高和科学的发展，对于新时代的女性而言，月经期间有哪些不适宜和禁忌呢？

（1）月经期间，很多女性心情烦躁，有些女性会有乳房胀痛、精神紧张、四肢乏力的情况出现。因此，月经期间要避免干重体力的劳动，注意休息。

（2）月经期间，有些女性仗着身体强壮，不注意保暖，结果导致腰疼、腹痛等。其实，不管身体是强壮还是瘦弱，女性朋友在月经期间都应该注意保暖，尤其是腰腹部。

（3）月经期间不要饮酒，也不要喝冰镇的饮料、茶、咖啡等饮料。

（4）月经期间不能拔牙，因为月经期间的凝血功能不是很好。

（5）月经期间不宜穿紧身衣服，而要穿宽松透气的衣服。

（6）月经期间不宜吃油炸食品，否则容易导致体内堆积过多的脂肪无法排泄出去。

第3章

花园长出了"芳草",坦然面对身体的成熟

进入青春期以后,随着身体的发育,我们会发现自己的身体渐渐有了变化。这种变化,对于我们而言是新奇的,也是陌生的。那么,我们应该如何对待这些变化呢?只有做好心理准备,我们才能坦然接受自己渐渐发育成熟的身体,使自己的心理也如期成熟。这样一来,我们就实现了身心的全面、健康的发展。

"腋毛"真的那么可怕吗

再也不能穿吊带裙了

从小,美美就是个小美女。她皮肤白皙,五官精致,最喜欢穿蓬松的吊带裙,因为这使她感觉自己像个公主。从自己会挑选衣服之后,美美每次和妈妈一起逛街买衣服,都会毫无例外地为自己挑选吊带裙。美美最喜欢做的事情就是看着自己满衣柜的吊带裙发呆,她是多么富有啊,有这么多自己心爱的裙子!

然而,刚上初一,细心的妈妈发现美美不再穿吊带裙了,而是每天都轮换着穿那屈指可数的几件T恤。妈妈问:"美美,已经是夏天了,你怎么没穿裙子呢?"美美嗫嚅着说:"我……我……我还是穿T恤吧。"妈妈不解地问:"你不觉得热吗?而且,你忘了,你可是最爱吊带裙的啊!"美美满脸通红,眼睛里满含泪花。妈妈不明所以,紧张地问:"我的小美美,你到底怎么了?是哪里不舒服吗?快点告诉我。"在妈妈的追问之下,美美害羞地抬起胳膊,指着腋窝,说:"妈妈,你看看……这到底是怎么了?"妈妈看完之后恍然大悟,原来,美美的腋窝已经变得毛茸茸的了。看着那细密金黄的绒毛,妈妈笑着说:"美美,你长大了啊!你可真是个大姑娘了。"不过,美美却很郁闷地看着妈妈,说:"妈妈,我以后是不是就不能穿吊带裙了?"妈妈抚摸着美美的头,说:"美美,没关系的啊。现在有很多先进的产品,有脱毛器,还有去除体毛的液体,都可以让爱美的女孩子使用。而且,如果你不想使用这些产品,长腋毛也是很正常的,没有什么见不得人的呢!所以,你尽可以继续穿吊带啊。你长大了,是个大姑娘了!"

第3章　花园长出了"芳草"，坦然面对身体的成熟

:: 送给青春期女孩的话 ::

随着身体的发育，男性和女性的身体除了第一性征之外，都会出现第二性征。身体的毛发也会随着身体的渐渐成熟而日益增多，对于毛发，很多爱美的女孩子都会苦恼不已。其实，我们身体的每个部位都有其独特的作用，我们应该坦然面对。对于日渐浓密的毛发，我们无须谈虎色变，因为小毛发都是有大用场的！

（1）腋毛是人体的第二性征，能够帮助吸汗，并且避免汗水往下流。有些国家的女性每个星期都会刮几次腋毛，否则就觉得不清洁，有些国家的女性则从来不刮腋毛，觉得腋毛是性感的象征。对此，自然的就是美好的，女性朋友们应该正确对待腋毛。

（2）毛发还能起到预防细菌的作用。毛发能够保护裸露的皮肤，避免皮肤受到细菌的伤害。

（3）毛发有缓解摩擦的作用。人体活动的时候，尤其是手臂活动的时候，毛发能够帮助手臂周围的皮肤减缓摩擦。假如摩擦的时间太长，皮肤就会受到损害。在毛发的保护下，能够使皮肤免遭伤害。

（4）对待毛发，处于青春期的少女们应该保持成熟的心态，不要惊慌失措，因为自然的才是最美好的。

因为爱美而修剪腋毛真的好吗

没有腋毛保护，易得毛囊炎吗

夏天来了，又到了女孩子们花枝招展的季节。小丽和小芳约好了一起去美容院脱毛，因为她们实在太喜欢穿无袖的连衣裙了。想想自己穿着无袖连

衣裙身材窈窕的样子,她们自己都觉得赏心悦目。这不,好不容易等到周六,她们一大早上就结伴去了美容院。

在美容院咨询之后,小丽和小芳觉得脱毛的价格太昂贵了,经过商量,她们决定买个剃刀,隔三岔五剃剃腋毛。当天晚上,她们就互相帮助地剃完了腋毛,第二天就穿上漂亮的连衣裙了。一个多月之后,小丽突然觉得腋窝的皮肤很刺痛。刚开始,她还以为是被汗腌渍的呢,然而,过了几天,腋窝的皮肤越来越刺痛。小丽只好去医院挂了个号,看了皮肤科的专家。医生只是简单看了一眼小丽腋窝部位的皮肤,就说:"毛囊炎!"小丽没有听清楚,问道:"什么?"医生说:"毛囊炎!"小丽不解地问:"医生,我每天都洗澡啊,而且隔几天还会把腋窝部分的毛发剃干净,怎么会得毛囊炎呢?"医生说:"就是因为你太爱'干净'了,天天剃毛,才会得毛囊炎的。"小丽更加不明白了,问:"剔干净容易清洁,不是更干净吗?"医生啼笑皆非地说:"小姑娘,不会错的。这才进了夏天多久啊,我已经看了很多个你这样的病号了,而且,你们这些自以为干净的人,得病的原因都一样,都是因为太干净了。你要明白,为什么每个人都会长腋毛呢?就是因为腋毛有它自己的作用啊!就像我们的鼻子、眼睛、耳朵一样,它们有的负责嗅觉,有的负责视力,有的负责听力,各司其职。虽然你不知道腋毛的明显作用是什么,但是它们的作用可不可小觑啊!它们对于我们人体的作用可是非常大的呢,不管你是否明白它们的用途,它们都一样重要。"

小丽听完医生的解说之后,回到学校第一时间就告诉了小芳,说:"小芳,以后咱们还是别剃腋毛了。你看看,我腋窝的皮肤都得毛囊炎了,我刚刚从医院看完医生呢!"说完,小丽把医生说的话原原本本地告诉了小芳,小芳也吓出了一身冷汗。从此之后,她们再也不剃腋毛了,因为她们都知道了:自然才是美!

::: 送给青春期女孩的话 :::

每到夏季到来的时候,很多爱美的女孩子都争相剃毛,除了腋窝部位的

第3章 花园长出了"芳草",坦然面对身体的成熟

毛发之外,有些女孩子还会使用药品或者剃须刀等工具,剃掉腿部和胳膊上浓重的汗毛。其实,我们身体的每个部位都有其独特的作用,我们应该坦然面对,正确对待,而不应该盲目地跟风。尤其是腋窝部位的毛发,由于腋窝部位褶皱比较多,皮肤娇嫩,也由于腋窝部位很容易流出汗液,所以更应该慎重对待。那么。权衡利弊,我们到底应不应该剃掉腋窝部位的毛发呢?

(1)腋毛生长在人的腋下。青年进入青春期之后,肾上腺开始分泌雄激素,就会长出腋毛。可以说,腋毛和阴毛一样标志着我们的身体发育进入青春期阶段。腋毛能够帮助蒸发汗液,大多数人都会长腋毛。

(2)腋毛能够防止细菌的滋生。腋毛能够保护腋窝部位的皮肤,使其免受外来灰尘、细菌等的侵害。

(3)腋毛能够缓解摩擦。人体活动的时候,随着手臂的运动,腋窝部位的皮肤也会产生摩擦。腋毛能够很好地缓解这种摩擦,保护腋窝部位的皮肤不被擦伤。

(4)腋窝部位遍布淋巴结,很多女性为了爱美,拔掉或者剃光腋毛,很容易引起皮肤感染,给身体健康带来隐患。

(5)拔掉腋毛尽管不会导致狐臭,不过,拔腋毛会损害皮肤的完整性,使皮肤的抗病能力减弱,因而导致细菌感染,最终使大汗腺发生变异,使身体里的蛋白质、脂质等物质排出体外,与表皮细菌作用,产生难闻的气味。

(6)现在,很多美容机构都开展了去除腋毛的服务项目。其实,不管是使用激光、刮除还是其他方法,都很容易损害我们的身体。要想除掉腋毛,正确的方法是用圆头剪刀修剪,这样一来,既除掉了腋毛,又不损害腋窝部位的皮肤,保护了我们的身体健康。

天哪，小芳怎么长"胡子"了

女人也会长胡子吗

开始读初中之后，小芳明显觉得同学们和小学的时候不一样了。不仅很多男生的声音变得瓮声瓮气的，很多女生的体态也发生了明显的变化。女生的胸脯开始微微地凸起，屁股似乎也变得圆润了。小芳发现自己的私处和腋窝下面，也开始有了黄绒绒的毛发。她很害羞，以前经常和女伴一起洗澡，自从发现自己身体的变化之后，她就一个人去洗澡了。

就在这种紧张而又激动的微妙心情中，小芳突然发现自己的上嘴唇上部长出了黄绒绒的绒毛，仔细看看，这些绒毛还有点儿黑乎乎的，就像长了小胡子一样。小芳担心地想：天哪，我不会也长胡子了吧。每天，她上课的时候都提心吊胆，生怕其他同学发现她的这种变化。一次美术课，老师让同学们观察自己的同桌，画一幅人像。小芳紧张地和同桌娜娜对视着，突然，娜娜喊道："小芳，你怎么长胡子了呢？"小芳瞬间满脸涨得通红，恼羞成怒地喊道："你胡扯八道什么啊，我怎么会长胡子呢！"这时，其他同学听到娜娜的呼喊声，也扭过头来盯着小芳的脸看，议论纷纷："天啊，小芳真的长胡子了！""是汗毛吧，汗毛太长了！""女生怎么也会长胡子呢？""小芳到底是女生还是男生啊！"听到同学们的议论声，小芳害羞地哭了起来。

这时，美术老师走过来，说："同学们，先别议论了，听我解释。首先，我要表扬娜娜同学，因为她观察得很仔细。不过呢，小芳同学嘴唇上长的并不是我们平日里所说的胡子呢！""黑乎乎、毛茸茸的，不是胡子是什么啊？！"一个口快的同学喊道。小芳尴尬得恨不得找个地洞钻进去，只好用求助的目光看着美术老师。美术老师继续说："进入青春期以后，我想，

第3章 花园长出了"芳草"，坦然面对身体的成熟

在座的每一位同学都会发现自己的身体有了微妙的变化，这都是荷尔蒙在作怪。通常情况下，不管是男生还是女生，体内都同时存在雌性激素和雄性激素。其中，雄性激素就在很大程度上决定了我们的毛发生长。正常情况下，女性体内只有很少的雄性激素，但是也不排除某些女生体内的雄性激素会稍微多一些。在这种情况下，女生唇部的汗毛就会更加细密一些，看起来就像胡子一样。同样的道理，有些男生的毛发生长会比较晚，或者变声也比较晚，那就是雄性激素暂时不足的表现。处于青春发育期，很多情况都有可能发生，只要我们耐心地等待，一切都会变好的。"

听了美术老师的讲解，同学们恍然大悟。

∷送给青春期女孩的话∷

（1）处于青春期的男孩女孩们，体内的激素很有可能不那么平衡，这样就会导致毛发的生长不符合大众的规律。不过，只要不影响正常的生活，只要保持规律的生活和愉悦的心情，很快就会好转的。

（2）如果有些女性的毛发生长过重，尤其是唇部的"胡须"长势旺盛，那就要去医院看看了。因为这种毛发的改变除了生理原因之外，还会有病理性的原因。所以，应该及时去医院排除病理性原因，这样才能保证身体的健康。

（3）很多女孩子处于青春期时都会长出淡淡的胡须，这无需惊慌。只要保持愉悦的心情和规律的作息，很快体内的雌性激素和雄性激素就会平衡，"胡子"自然也会不翼而飞。

（4）对于不受欢迎的"胡子"，女性朋友们千万不要盲目地用剃须刀剃光，否则，就会使毛发越来越浓重。

我的内裤为什么有白色的污点

内裤怎么脏了

最近，细心的妈妈发现了艾米的异常。也许是因为从小养成的习惯吧，艾米的内衣向来都是妈妈手洗的，外套等衣服则放在洗衣机里清洗。不过，妈妈连日来发现艾米每次脱下短裤都自己悄悄地洗了，晾晒在阳台上。

一天，看到艾米洗完澡，妈妈说："艾米，内衣放在那里我来洗吧，你作业还没写完呢，快去写作业，晚上好早点儿休息！"艾米支支吾吾地说："不了，不了……哦……还是我自己洗吧！我马上就洗完了。"妈妈走进卫生间，问："艾米，以前都是妈妈帮你洗的啊，最近你怎么了？"艾米害羞地说："太脏了，还是我……我自己洗吧！以后，我都自己洗了，你洗你自己的就好了。"妈妈听到艾米的回答，笑着说："艾米，你是不是有白带了？"艾米疑惑地问："什么白带？就是白色的脏东西吗？"妈妈笑了，说："那可不是脏东西呢！那是每个女性都会分泌的。它叫白带，女性进入青春期，初潮之后，就会有白色的分泌物，就叫白带。"艾米说："啊，以后都会有啦，一直都这样了吗？"妈妈说："当然，每个女性都有。你可别不敢面对啊，白带虽然让我们的内裤变脏了，但是，白带的作用可大呢！女性成熟之后，因为特殊的生理构造，很容易受到妇科病的困扰。很多时候，医生都是通过化验白带，来检查我们的身体是否健康呢！"听到妈妈的话，艾米拿出还没清洗的内裤给妈妈看，问："妈妈，这就是吗？"妈妈看了看，高兴地说："是啊，我的小艾米长大了呢！你看看，你很健康，白带的颜色非常清亮，也没有异味。如果女性得了妇科疾病，白带就会变色，变得浑浊，有的时候还会有难闻的异味。所以，女性一定要关注自己的健康，保持清爽洁净呢！"

说完，妈妈还告诉艾米应该怎样正确地清洗内裤，并且正式把清洗内裤的工作交还给艾米。

:: 送给青春期女孩的话 ::

在青春期之前，女性一般没有白带。进入青春期之后，随着初潮的到来，白带也接踵而至。白带是从女性的阴道中流出来的一种白色液体，带有黏性。白带的组成很复杂，其中既有前庭大腺、子宫颈腺体、子宫内膜的分泌物，也有阴道黏膜的渗出液，还有阴道脱落的上皮细胞。白带里面含有丰富的乳酸杆菌、溶菌酶和抗体，所以，健康女性的白带能够起到抑制细菌生长、保持阴道健康的作用。那么，关于白带，还有哪些是需要我们了解的呢？

（1）随着月经周期的变化，白带的分泌也是不同的。一般情况下，排卵前后白带是最多的，而且很清亮稀薄。

（2）白带如果异常，变色或者有异味等，就说明有了妇科炎症，应该及时就医。

（3）白带有润滑的作用，能够使女性的阴道处于湿润状态，缓解阴道前后壁之间的摩擦，保护阴道壁。

（4）白带能够抑菌消炎。很多少女喜欢用洗液清洁私处，其实，彻底地清洁对私处的健康环境并无益处。正常情况下，私处有白带的保护。由于白带中含有丰富的糖原，能够在阴道乳酸杆菌的作用下产生乳酸，使女性的阴道维持在酸性状态，因为能够有效抑制各类致病菌的生长。也正是因为这种天然的生理效应，所以阴道具有一定的自净能力。

怎样的白带才是正常的

白带异常怎么办

夏天来了，艾米发现自己的私处有些刺痛。刚开始的时候，她以为是因为天热的原因，所以每天都更加仔细地清洗私处。然而，这种刺痛却越来越严重，渐渐地，她的私处居然长出了很多疙瘩。艾米害怕了，赶紧把这件事告诉了妈妈。妈妈第一时间就带着艾米去了医院，挂了妇科。

医生详细询问了艾米很多情况，诸如内裤是否是纯棉的，有没有在公共游泳池游泳，内裤清洗的时候和袜子分没分开等。后来，医生还为艾米检查了白带。检查完之后，医生说："你这是细菌性阴道炎啊！"艾米不好意思地问："我很讲究卫生啊，怎么会得阴道炎呢？"医生说："其实，女性本身特殊的生理构造，就决定了女性很容易得妇科疾病。有的时候，患病并不是因为不注意卫生引起的，也有可能是因为菌群失调引起的。其实，如果你仔细观察，就能发现你的白带有异常。正常的白带颜色清亮，就像鸡蛋清，但是你看看，你的白带有些发黄，这是有炎症的表现。"艾米紧张地问："那怎么办呢？"妈妈也着急地说："医生，有什么办法能够尽快治好吗？不然，都影响她正常的生活和学习了。"医生安慰妈妈道："你应该知道啊，这只是小毛病，没关系的，很多女性都会得阴道炎。我给你们开一些洗剂，回家洗洗就好了。"

回家之后，妈妈按照医生的嘱咐，把艾米的短裤和毛巾等都用开水烫过消毒，并且拿到阳光下暴晒。而且，她做饭的时候也多多注意，很少放辛辣刺激的调味品。果然，没过多久，艾米就发现自己的白带恢复了健康。

∷ 送给青春期女孩的话 ∷

对于女性朋友而言，白带虽然使我们的内裤沾染了白色的污点，但是，它却是我们身体健康的晴雨表。透过白带，我们能够发现身体的很多异常。常言道，久病成医。经常受到妇科病困扰的女性，有的时候仅凭观察白带，就能知道自己的身体状况。那么，白带都会有哪些异常呢？

（1）细菌性阴道炎的白带呈现稀薄的灰白色，比较均匀，有鱼腥味；霉菌性阴道炎的白带白色稠厚呈凝乳或豆渣样；滴虫性阴道炎白带稀薄脓性、黄绿色、泡沫状，有臭味。

（2）女性朋友如果得了阴道炎，一定要去医院进行正规治疗，而不要私自去医院买洗液冲洗。否则，就很容易患慢性阴道炎，反复复发，给生活和学习、工作带来严重的困扰。

（3）为了及时发现身体的异常，女性朋友们应该了解白带，这样才能通过观察白带了解自己的身体状况。

阴部瘙痒的罪魁祸首都有谁

上帝啊，快点下课吧

近来，正在读高三的小花学习成绩直线下降。对此，家长和老师都百思不得其解。尤其是老师，不但旁敲侧击地问小花是否早恋了，还问小花是不是遇到了什么麻烦事。因为每次上课，小花都心神不宁的，恨不得马上下课飞出去。对此，老师找到小花的妈妈，问小花在家里有没有异常。妈妈说："没有什么异常啊，一切都很正常。"然而，小花依然"我行我素"，丝毫没有改观。

又一次被老师召见之后，妈妈终于忍不住问小花："小花，你最近怎么了，老师说你的成绩直线下降，上课的时候也心神不宁的。你是早恋了吗？你乖乖告诉妈妈，妈妈也年轻过，不会怪你的。"听到妈妈的话，小花羞得满脸通红，说："妈妈，您说什么呢？我怎么会早恋呢！"妈妈不解地问："那老师怎么说你上课的时候心神不宁呢？除了早恋，我想不出还会有什么事情对你影响这么大。"小花支支吾吾半天，急得抓耳挠腮，最终说："妈妈，我的那个地方……好像不太好！""那个地方？哪个地方？"妈妈一头雾水，"你哪里不舒服就说啊，还有几个月就要高考了，这样下去怎么行呢？老师都找我好几次了！"小花更着急了，眼泪都快掉下来了，说："就是……就是……就是那个地方！特别瘙痒！我上课的时候不敢抓挠，就等着下课去厕所。"她一边说，一边不好意思地指了指自己的私处。妈妈一下子就知道怎么回事了，如释重负地说："啊，不是早恋就好。你肯定是生病了，我带你去医院看看吧！"

小花羞羞答答地躲在妈妈身后，去看了妇科医生。医生认真给小花进行了检查和化验，说："你得了霉菌性外阴炎了。"妈妈问大夫："我的女儿很爱干净啊，怎么会得霉菌呢？"医生问："她最近有服用抗生素吗？"妈妈想了想，说："她上个月咳嗽得很厉害，医生说是支气管炎，所以输抗生素输了七天。"医生说："病根就在这里了！生病之后，身体抵抗力下降，再加上抗生素会诱发霉菌，所以就得了霉菌性外阴炎。"医生给小花开了一些冲洗的药液，回家之后，小花按照医生的嘱咐把自己的个人用品都进行了烫洗和消毒，果然很快就好了。

:: 送给青春期女孩的话 ::

虽然霉菌性阴道炎并非什么致命的毛病，但对于深受其害的人来说，也是不容小视的。试想小花上课的时候就一心一意地盼着下课的样子吧，成绩怎么会不下降呢？人的身体是一个有机的整体，不管哪个部位出了毛病，都会使人感到极不舒服。很多女性朋友都深受阴部瘙痒的困扰，那么，除了霉菌性阴道炎是罪魁祸首之外，还有哪些原因会引起阴部瘙痒呢？

（1）阴虱病。这种病如今已经很少见了，因为卫生条件的好转，人人都非常注重卫生，所以，阴虱已经无处藏身了。假如不讲究清洁和卫生，就像头上长虱子一样，私处也会被阴虱无情蹂躏呢！

（2）蛲虫感染。这种病主要见于幼女，不过成年女性也偶有发生。晚间，女性在熟睡的时候，肛门会变得非常松弛，这时，蛲虫会爬出直肠，游到外阴部交配产卵。由此一来，外阴部皮肤黏膜受到刺激，就会无比瘙痒。

（3）病毒感染。病毒感染会有米粒大且明亮的水泡，局部瘙痒严重。

（4）药物过敏。药物过敏也会导致瘙痒。

正确选择内裤和清洗内裤

都是内裤惹的祸

周末，小丽和小芳结伴去逛街。在路过一家情趣内衣店的时候，她们不约而同地被模特身上穿着的蕾丝性感内裤吸引住了。这种内裤完全不同于她们平日里穿的棉质的三角裤，内裤的腰围和腿围都缀着性感的蕾丝，显得非常精致。而且，内裤的形状有点儿像丁字裤，据店员介绍，这样的内裤穿着的时候，不会使臀部出现勒痕。听了店员的介绍，小丽和小芳相视一笑，不约而同地决定每人买两条穿穿，毕竟夏天就要到了，马上就要穿薄的裙子或者裤子了。要是能够穿这种无痕内裤，那该多么漂亮啊，再也不会尴尬地露出肉肉的痕迹了。

买了性感无痕内裤之后，小丽和小芳每天都在盼望着天气赶快热起来，这样她们就可以将新内裤穿在裙子里。虽然内裤穿在里面谁也看不见，但是自己的感觉一定会与众不同。焦急地等了半个多月，终于有一天的温度到了

二十五度，小丽和小芳迫不及待地穿起了裙子。当然，她们也没有忘记把新买的热裤穿上。

几天之后，小芳突然觉得外阴瘙痒，而且有些刺痛感。她赶紧去医院，医生给她检查的时候，看到她的内裤，问："你还是学生吧，为什么不穿纯棉的短裤呢？"小芳害羞地说："这种更好看啊！"经过检查，医生说："你没什么毛病，挺健康的。"小芳又问："那为什么会瘙痒呢，还有些刺痛。"医生说："估计是你这条好看的内裤惹的祸。你看，这条内裤是化纤面料的，不吸汗，透气性也很差。虽然有着漂亮的蕾丝，但是这种类似于丁字裤的裤型，很容易触到你私处娇嫩的皮肤，所以才会瘙痒和刺痛。我刚才检查的时候看到，你的私处有些充血，但是检查的结果显示并没有任何细菌的感染，所以应该还是摩擦和刺激导致的。"

听到医生的话，小芳恍然大悟。这时候，她才知道，原来美丽并不是最重要的，最重要的是健康。回到学校之后，她赶紧把这件事情告诉了小丽，并且劝说小丽以后还是以穿全棉的内裤为主，不要盲目追求好看，而让身体遭殃。

::送给青春期女孩的话::

如今，随着市场经济的发展，各种各样的商品极大丰富，包括以前不能明目张胆叫卖的内衣内裤，如今也登上了大雅之堂。而且，内裤的功能似乎也越来越多，丁字裤、无痕内裤、性感内裤等。对于这些琳琅满目的商品，女性朋友多了选择的余地，不过，选择却不能盲目地以好看为准则，最重要的是有利于我们的身体健康。那么，我们应该怎样选择内裤呢？清洗的时候又有哪些讲究呢？

（1）内裤首先要以亲肤舒适为主，还应该吸汗透气。以前，人们都首选纯棉内裤，不过随着面料的增多，现在流行的莫代尔、竹纤维等面料的内裤也是比较好的。具体选择的时候，除了科学地考量面料之外，还应该结合个人的喜好。

（2）内裤最好不要选择紧身的。紧身内裤不利于透气，很容易产生闷热的感觉，导致细菌滋生。

（3）内裤最好不要选择深色的。前文说过，白带是女性妇科是否健康的晴雨表，如果选择深色的内裤，比较不容易发现内裤上的分泌物，也就无法及时发现身体的健康状况。

（4）最好不要穿丁字裤。丁字裤的材质和款式等，都对女性的身体不利。

（5）清洗内裤时，因为内裤是贴身穿着的，所以最好选择接近人体酸碱度的洗液。有些人喜欢用强碱的肥皂来清洗内裤，其实这对女性私处的酸碱度的平衡很不利。

（6）内裤在清洗并冲洗干净后，可以用开水烫一烫，这样有利于杀菌，然后再放在太阳下暴晒，要知道，紫外线是最好的消毒剂。

（7）内裤不能放在洗衣机里和其他衣服一起洗，而应该用专用的盆手洗。内裤应该每天都换，因此，有人觉得用卫生护垫或者一次性内裤最好，其实，这种观点是错误的。一次性用品有着很大的消毒隐患，再加上为了控制成本，材质也不会很好，所以对女性健康不利。

第4章

"面子"问题多,女孩爱美要健康

青春期是女孩子生命曲线的又一个高峰期,当青春绽放的时候,你是否注意到自己的身体有了新的变化:脸上还冒出了讨厌的痘痘;头上居然长出了像爷爷那样的白发;小小年纪已经戴了一副笨重的近视眼镜……这样一系列变化,给正处在青春期的女孩子带来了一些困惑和烦恼。

花季少女，为何遭遇讨厌的青春痘

我讨厌长痘痘

"天哪，又长了一颗痘痘！啊——"卫生间里传来了欢欢的哀号，听见叫声的妈妈在厨房里问道："宝贝，这么大半天你待在卫生间干什么呢？你在镜子前花的时间真多呀！赶快来吃饭上学去吧，别在那里磨蹭了。"欢欢委屈地来到厨房，向妈妈哭诉道："妈，你看，我又长了几颗痘痘，好难看！"妈妈微笑着安慰："哎，没事的，青春期的女孩子长几颗青春痘是很正常的嘛！""就是，就是，我还想要几颗青春痘呢，可惜它就是不长。"一旁的爸爸也打趣道。欢欢嘟囔着嘴："朋友燕子也没有长痘痘呢，还有比我大一岁的罗妮妮也没有长，怎么就偏偏我长了。"

极度郁闷的欢欢来到了学校，心想今天肯定会被同学取笑的。果然不出所料，站在教室门口的罗妮妮远远地看见欢欢走过来了，向班里大声喊道："哎哟，你们看，种豆的来了，种豆的来了，看看我们今天的种豆人种了多少颗豆子呀？"欢欢快步跑上去，追着罗妮妮满教室跑，一边追着一边喊道："你神气什么，总有一天，你也会跟我一样。"罗妮妮大笑着："我才不跟你一样呢，哈哈。"跑累了的欢欢，慢悠悠地回到了自己的座位上，一个劲儿地喘气。同桌丽丽凑近了欢欢的脸，关心地问道："欢欢，你又长了几颗吧，昨天我数的时候还没有这么多呢。"欢欢有气无力地答道："嗯，郁闷死了，可惜了我这张如花似玉的脸。"丽丽连忙安慰道："别担心，青春期过去了，痘痘就会走了，妈妈说，这是青春的痕迹。"听了丽丽的话，欢欢更没有精神了，心想这该死的青春期什么时候才会过去呢？

:: 送给青春期女孩的话 ::

处于青春期的女孩子脸上会冒出青春痘，这是正常的现象。当女孩子进入青春期时，由于生长激素以及性荷尔蒙的大量需求，触动了皮脂腺的分泌功能。因此，大量而多余的油脂涌向皮肤表面，有的顺利地到达体表，有的却因"交通"的阻塞而停滞在半途中。这些遇阻的油脂，在不同的情境下，发展成不同的形式。而青春痘就是其中的一种。

1. 讨厌的痘痘从哪里来

有时候，由于拥挤的毛孔承受不了饱和的压力，群聚在毛孔中的油脂、细菌、死细胞、尘屑，蓄势待发，准备破囊而出。这时候，又由于血液的循环，运送了大量的白细胞，因此，皮肤表面出现了充血、肿胀、疼痛的发炎反应，进而会在你的脸上出现一颗一颗的青春痘。最初它会在你的额头上冒出来，继而在脸的两边，然后在是两颊，甚至还会出现你的下颚。

依据医学统计，仅有20%的幸运青少年在青春期时可以幸免于青春痘的肆虐；有高达50%的青少年在经历青春期时，至少有一年以上的时间，青春痘长期存在；至于那剩余30%的高发危险群，青春痘就会如影随形，挥之不去，甚至在度过青春期之后，青春痘也会伴随着他们。所以，对于绝大多数花季少女来说，在青春期必定会迎来不速之客——"青春痘"。

2. 青春痘带来的烦恼

当白皙的脸上开始出现了青春痘的影子，这对于每一个女孩子都是难以接受的。有的女孩子很注重自己的外在形象，而青春痘的出现无疑会增加自己的精神负担，每天都在担心自己的"面子"无光，甚至开始出现自卑、抑郁、厌学的情绪。在这样的情况下，需要孩子们正确看待自己在青春期出现的各种身体变化，包括自己讨厌的青春痘。当你意识到这是青春必然经过的历程，就不会感到害怕了。

3. 如何来面对这些日益增多的痘痘呢

那么，如何来面对这些日益增多的痘痘呢？每天不要经常洗脸，一天

只洗两次脸是你必须遵守的规则，经常洗脸反而会刺激皮脂腺的分泌功能；千万不要去抠、挤、挑青春痘，每一个青春痘的生命周期仅有短短的3~4天，时间到了，它自然会消失或化脓而出，如果用手或工具去挤压，反而会因手上的细菌而造成二次感染，或因挤压的力道，造成皮下淤血，甚至留下难看的疤痕；少吃辛辣、油炸、高热量的食物，也许这些食物并不会直接造成青春痘的形成，但是却会"恶化"青春痘的状况，因为这些食物会增加心脏的负荷能力，并使血液中的维生素K的品质降低，间接诱发了青春痘的形成。

青春期怎样打好"祛痘之战"

如何治愈讨厌的痘痘

虽然放假了，可燕燕一点也没有玩的心情。妈妈总是催促她："宝贝，放假了就出去找同学玩吧，一天闷在家里会憋坏的。"燕燕躲在自己的房间，闷闷地应声道："不想出去。"其实，哪里是不想出去，而是不敢出去，燕燕想着镜子里那张像红豆粽子的脸，就觉得泄气了。

她整天躲在自己的屋子里，对着小镜子数着脸上不断涌出的青春痘，看着那红红的青春痘。燕燕慢慢试着用手挤，居然挤出脓一样的东西，燕燕赶忙用卫生纸擦干净。再看看脸上的地方，虽然皮肤看起来红红的，但痘痘已经消失不见了。也许，一会皮肤就会恢复了，燕燕心里美美地想着。于是，她决定一颗一颗地把它们全部消灭掉，让自己重新恢复到白皙无瑕的皮肤。

正在燕燕与痘痘大战三百个回合的时候，听到妈妈在客厅里大声喊："燕燕，出来玩吧，你姐姐来了。"燕燕一听，连忙放下小镜子就冲出房门，一眼就看见了坐在客厅里的姐姐。姐姐笑着："哟，咱们的小燕子长大了。"

燕燕亲热地坐在姐姐身边，发现几年不见，姐姐长高了。不过让燕燕感到奇怪的是，姐姐脸上怎么会有一些淡淡的伤疤，好奇的燕燕问道："姐姐，你的脸怎么会这个样子？"姐姐有些不好意思，旁边的妈妈打趣道："你姐姐那是青春留下的痕迹。""青春留下的痕迹？"燕燕更加不解了。姐姐看着脸上红红的燕燕，解释道："也就是青春痘，你看你脸上也有了，你可千万不要用手去挤，我就是因为没有使用正确的祛痘方法，所以落下了这么多的痘痕。""啊？"燕燕用手捂住脸，心想糟糕了，怎么办？

∷ 送给青春期女孩的话 ∷

也许，每一个青春期女孩都有像燕燕同学那样的困扰，害怕被人取笑，甚至不敢出门去玩，一个人躲在家里悄悄地与痘痘"作战"。肯定也有不少的女孩子会做出燕燕同学一样的事情，那就是用手去挤压即将冒出来的痘痘。其实，青春痘是青春期必然经历的过程，那么怎样打好祛痘之战呢？是否像燕燕一样用手去挤压呢？实际上，燕燕的祛痘方法是不行的，这样不仅不会消灭掉青春痘，反而会因手上的细菌而造成二次感染，或因挤压的力道，造成皮下淤血，甚至留下难看的疤痕。而每一个青春痘的生命周期仅有短短的3~4天，时间到了，它自然会消失或化脓而出。所以，不要过多地为此担心。当然，为了保护肌肤少受青春痘的侵扰，我们还是要以正确的方法来应对这场"祛痘之战"。

1．如何清洁皮肤

洗脸的时候，要以温水洗脸，每天洗脸的次数不能超过三次。清除肌肤上分泌过多的油脂是消除青春痘最重要的第一步。彻底地除去脸上沾附上的脏东西、老废角质，避免毛囊阻塞而减少青春痘的产生。

2．定期去角质

你可以在医师的建议下，选择一款温和的去角质洗面奶，定期去除堆积在毛孔的角质废物，可加强促进细胞新陈代谢，避免老废角质堆积、阻塞毛囊口，引发细菌滋生而产生难看的青春痘。

3．使用合适的肌肤保养品

使用一些含有控油、去角质、抗菌等成分功效的保养品，也能够帮助肌肤对抗预防粉刺、青春痘的产生。当然，这样的肌肤保养品并不是随意选择的，你可以在父母的陪伴下一同购买，或是遵从医师的建议。

4．充足的睡眠，规律的生活

每天需要保证充足的睡眠，有规律的生活习惯，不要熬夜，也不要有太多的压力。因为熬夜与压力容易造成生理时钟紊乱的现象，导致荷尔蒙失调、影响内分泌，并进而间接地促使青春痘的形成。

5．避免过度暴晒肌肤

在炎热的夏季，不要经常暴露在强烈的阳光下。因为这样过度暴晒于阳光下会刺激青春痘的恶化，而且容易使肌肤里的黑色素增多，同时还会加深痘疤的色泽，并延缓其恢复的时间。

6．减少摄取油炸、辛辣、坚果类食品，多吃水果蔬菜

为了打好这场"祛痘之战"，你还需要注意你的饮食，尽量不要吃一些油炸、辛辣以及坚果类的食品。因为这一类食物容易激发青春痘的滋长，所以想减少脸部青春痘的问题，必须先改变你的不良饮食习惯，多喝水、多吃青菜蔬果，这样才会加速身体的新陈代谢，促进细胞排毒的能力。

该怎样对待让人烦恼的雀斑

烦恼的"小草莓"

14岁的乐乐最近照镜子发现，自己原本白皙的脸上竟然出现了一些褐色的斑点，这是怎么回事？难道是脸没洗干净吗？乐乐又重新去洗了一遍脸，但发现那些斑点还是存在。这是怎么回事？难道自己生病了？

第4章 "面子"问题多，女孩爱美要健康

烦恼的乐乐问妈妈："妈妈，你看我脸上这些褐色的斑点是怎么回事？我是不是生病了？"妈妈仔细看了看，说道："哟，咱家宝贝长了可爱的雀斑了，不错不错。"乐乐嘟囔着嘴："什么不错啊？妈，你看我脸上白白的，怎么会长这些鬼东西呢？真是看了厌烦，这让我以后怎么见人嘛。"妈妈毫不在意地说："这都是青春期的正常反应，平时多注意饮食就可以了，雀斑对女人而言真是可爱的，你呀，真是不懂。"可爱的雀斑？

乐乐顶着几颗雀斑上学去了，却没想到被同桌戏称："你这是小草莓，哈哈……"本来就为此事烦恼的乐乐更加烦躁了，下课就拿出镜子来看，这怎么办呢？想想平时在大街上接过的类似"祛斑产品"的传单，那些产品是不是对自己很有用呢？

::送给青春期女孩的话::

"一闪一闪亮晶晶，满天都是小星星"，相信许多脸上有斑的女孩子听了只会觉得很无奈。确实，每个女孩子在青春期都会遭遇类似的嘲笑，满脸的雀斑让我们的青春期有了缺憾。尽管少量的雀斑是俏皮的，但雀斑泛滥成灾了呢？答案是否定的。

雀斑是指眼睛周围到脸颊附近，约有半粒米大小的淡褐色或褐色的色素斑点。雀斑一般是集结在一起形成的，其中有少数暗褐色的斑点混在一起。在生活中，许多人认为脸上有雀斑并没有什么，甚至有人认为这些雀斑是"可爱"的代表，不过为什么会有雀斑产生呢？

众所周知，人体肌肤内是需要黑色素的，因为它可以防止紫外线穿透体内。一个女性肌肤内黑色素较多，但若是均匀分布，她的肌肤上是不会出现斑点的，只是她的皮肤比较黑而已。反之，若女性肌肤内黑色素较少，但分布不均匀，那她肌肤上就肯定会出现色素斑点。雀斑和其他色斑一样对阳光非常敏感，受到强烈紫外线的照射，雀斑的数目就会增多，而且色泽也会逐渐变深。雀斑也是属于遗传性，亲子、兄弟姊妹间受遗传的可能性很大，而且接近青春期时会明显地产生雀斑。

青春期女孩脸上长了雀斑怎么办？这不但是父母担忧的事情，也是青春期女孩子烦恼的根源之一。雀斑是青春时期高发的一种皮肤疾病，雀斑总让青春期女孩变得自信心不足，很自卑，因此，青春期女孩子要冷静对待脸上长出的雀斑。

1. 脸上长了雀斑要冷静处理

青春期女孩在应对脸上雀斑的时候，容易病急乱投医，从而采用一些祛斑霜，祛斑面膜或传统的物理祛斑方法。不过效果并非很理想。有些肌肤很敏感的女孩，反而容易导致肌肤过敏。所以，青春期女孩子长了雀斑，一定要冷静处理，切忌乱用药。

2. 注意合理的饮食

青春期女性身体出现第二次发育，在此过程中中各种激素分泌旺盛，特别是雌性激素，假如激素分泌异常或失调很容易导致脸上出现雀斑、青春痘等皮肤病，所以激素分泌是导致雀斑发病的一个主要内因。对此，在青春期，女孩子要注意合理的饮食，多食用新鲜的蔬菜和水果，尽量少吃辛辣以及油炸食品，注意营养均衡。

3. 避免使用化妆品

许多女孩子在青春期就开始注意容貌和美容，平时喜欢使用美白祛斑或祛痘的化妆品，这些产品能刺激皮肤，导致面部皮肤脆弱敏感，受到外界刺激后容易出现雀斑等疾病。对此，女孩子要保持肌肤的清洁，一定要确保不要使用有残留的化妆品，每次洗脸水中可以加点醋，这样效果也会很不错。

4. 保证合理的睡眠质量

青春期是女孩子身体出现各种变化的关键时期，在这一时期，女孩子尤其要保证高质量的睡眠。熬夜、通宵上网等不良习惯都容易影响女孩子的内分泌情况，从而使女孩子脸上容易滋生痘痘、雀斑等。所以，女孩子一定要保证合理的睡眠质量，坚持锻炼身体，促进血液循环。

5. 避免紫外线的暴晒

阳光中的紫外线能刺激皮肤内的色素细胞合成黑色素，假如皮肤长时间受到阳光照射，很容易导致皮肤发黑、老化，出现雀斑等色素沉着类疾病。假如父母脸上雀斑较多，那孩子就容易长斑，这种情况通常是由遗传基因起作用，不过只要做好防晒工作，对预防雀斑还是有一定作用的。

青春期为何会长出白发

难道我要变成"白发魔女"

最近这段时间都在进行考试，忙得文文焦头烂额，晚上做练习到凌晨，早上很早就起来赶到学校晨读。有时候，为了强打精神做功课，她还把平时爸爸用来提神的咖啡喝上了。不过，咖啡倒真是有效，让文文每天都显得精力充沛，干劲儿十足。这不，终于完成各科考试了，文文也能够松一口气，伸伸懒腰，睡个懒觉。

周末，文文一直睡到了中午，才慢腾腾地从床上爬起了，睡眼惺忪地来到卫生间，望着镜子里的自己，似乎觉得瘦很多了。文文不仅凑近镜子，摸了摸已经长了很长的头发，不经意拨开发丝，赫然发现里面有一根白头发。文文咬着牙，一下子把头发扯下来，看着这根雪白的头发，心里满是担忧。她拿来了镜子，一点一点地在头发中寻找，竟然又发现数十根白头发，文文不禁大叫起来："这是要变成白发魔女的节奏吗？"

妈妈闻讯赶来，问道："宝贝，咋回事？"文文大惊小怪："妈妈，你说我是不是要变成白发魔女了？"妈妈拨开文文的一缕长发，果然发现里面隐藏着一些银白色的头发，妈妈也百思不得其解："这怎么回事呢？"文文自我安慰："妈妈，这下我用不着去染发了，直接就是一个活脱脱的白发魔女啊。"听见声音的爸爸解释说："这没什么大惊小怪的，这是少白头，过几天去医院看看吧。"

:: 送给青春期女孩的话 ::

许多女孩在进入青春期以后，头上会长出一些白头发，有的头发一半黑，一半白。面对这样的状况，也许女孩子会有种惊恐，感觉自己即将要变老了。实际上，出现这样的原因大多数都是由于生活节奏快、压力比较大、忧思而造成的。当然，少部分会是因为遗传因素。下面我们就"少白头"来做较为详细的解释。

1. 什么是"少白头"

少白头，西医称之为早老性白发病，是一种儿童及青年时期白发性疾病，其病因十分复杂，主要有二大类型，一种属先天性少白头，另一种属后天性少白头。在后天性少白头中有许多是伴随某种疾病发生的，如恶性贫血、甲状腺机能亢进、心血管疾病(心肌梗塞、房室束传导阻滞、高血压等)、营养不良性肌强直、白癜风以及伏格特、小柳氏综合征等；有些则是由于精神过度紧张和营养不良所致，人体精神状态的改变，如长期抑郁不欢、忧思过度或情绪过度紧张、惊恐常会引起毛发迅速变白。先天性早老性白发病大都是由于遗传造成的，如遗传性早老病、布科氏综合征、沃登伯格氏综合征往往有家庭内数代遗传的历史，遗传性缺陷、白化病亦属先天性遗传病。

头发由黑变成花白，由花白又变成全白，是人逐渐步入老年阶段的一个外部特征，这是因为人体逐渐衰老，发根部位的毛乳头如同身体其他各部的器官一样，功能逐渐减弱，黑色素生产越来越少，以至全无而形成的自然变化现象。但是对于很多还处于青春期的女孩来说，小小年纪却已满头白发，当然不会是因为身体衰老、毛乳头制造黑色素的能力减弱所致，所以这是一种不正常的现象，需要及时根治。

一般来说，现代人心理压力大、生活节奏快的现状，"少白头"出现得多也就不难理解。特别是青春期的女孩子，如果不是先天性的早老化性白发病，那么大多是由于学业太繁重了，经常熬夜。另外，加上疲劳，心情欠佳，也就是一种疲劳综合征，导致代谢过程中产生的黑色素减少，从而导致白发的出现。

2．如何应对

你可以在父母的陪伴下，去医院进行正确的咨询，避免因为白发而导致心情过度焦虑；另外，你需要适当放松精神压力，这可能是促成少白头加重的原因；最后，需要有均衡的营养，因为毛囊的活力需要局部营养，而系统性的全身营养有助于头发获得局部营养，相形之下，身体虚弱的人头发更易变白。此外，可适当服些中药，如滋阴补肾的六味地黄丸，也可用首乌泡水喝。同时，应注意自我调节，调节自己的情绪、睡眠，尽量保持心情愉快，不要过度疲劳，多注意休息等。

青春期如何预防眼睛近视

不想让眼镜遮住大眼睛

13岁的琅琅是个非常喜欢看书的女孩子，她涉猎面比较广，小说、杂志都是她的最爱。她最喜欢看书，做任何事情都会拿一本书在手中，不管是吃饭睡觉，还是帮妈妈干活时都会拿出一本书看。平时晚上看书也看到很晚，经常是爸妈半夜醒来，还发现女儿房里的灯亮着。

看着女儿如此用功地看书，爸妈感到很欣慰，不过又时时提醒孩子："你这样看书，当心眼睛近视了，小小年纪就戴了眼镜可不漂亮了。"琅琅总会反驳："我视力很棒，不会的，再说我知道怎么保护眼睛，你们就不要担心了。"尽管琅琅对爸妈做出了承诺，但她还是不可避免地近视了。本来她有一双很漂亮的大眼睛，现在却被两片厚厚的镜片给挡住了，琅琅很沮丧："这看书难道也有错吗？怎么会近视了呢？"

:: 送给青春期女孩的话 ::

患近视的主要原因包括遗传因素和环境因素。长时间的近距离读写、电子产品的泛滥和室外活动时间的大量减少，是导致近视眼发病率不断上升的主要原因。青春期的孩子一旦发现自己视力异常，如视物模糊、不清晰，看电视习惯眯眼、往前凑等，就需要马上去医院检查视力。

在学校，中学生比小学生近视发生率高，高中生又比初中生发生率高。其他环境因素如缺乏运动、室内光线不足、学习姿势不当等，以及营养状况也会影响女孩子的视力发育。近年来发现孩子小学毕业阶段近视率会突然猛增，而青春期孩子在学习和求知欲强等因素之外，其生理特点也容易发生近视，如女孩初潮到来前后都是近视的高发阶段。

1. 注意正确的学习姿势

青春期女孩要养成看书写字的正确姿势，眼与书本之间应保持30厘米左右的距离；看书与写字时，光线应适度，不宜过强或过暗，光线应从左前方射来，以免手的阴影妨碍视线；看书时间不宜太长，每40~50分钟，应休息10~15分钟，闭眼或向远处眺望数分钟或做眼保健操，防止眼睛过度疲劳；不要看字迹太小或模糊的书报，写字不要写得太小。

2. 改掉不合理的用眼习惯

青春期女孩要改掉不合理的用眼习惯，如趴在桌上，歪头看书或写字，躺在床上看书，吃饭时看书，在强光下利用暗淡的路灯看书、月光下看书，以及在开动的车上及走路时看书等，这些不良习惯都会让眼睛过度疲劳，降低视力敏感度。

3. 注意体育锻炼

加强身体锻炼增强身体素质，可以减轻延缓近视眼的发生，特别是室外体育运动。让自己在空气新鲜、视野开阔的郊外远眺，极目欣赏远处的大山、绿树，也是眼睛最好的保健方法之一。

4. 保证充足的睡眠

其实，除了看书距离不合适、光太暗、持久用眼等原因会造成近视以外，还有其他几种原因也会造成青春期女孩近视。女孩如果睡眠不足，就引起植物性神经功能紊乱，身体各部位的发育也就变得不平衡，眼睛的发育和视力调节主要受植物性神经的支配，当植物性神经出现功能紊乱时，就会形成近视。因此，保证充分的睡眠时间，对女孩子预防近视是非常重要的。

5. 注意饮食得当

青春期体内缺乏微量元素铬与近视的形成有一定的关系，女孩子处于发育的旺盛时期，对于铬的需求量比成年人更大，而粗粮、红糖、蔬菜以及水果中都含有铬元素，假如日常不注意食物搭配，就会引起眼睛晶状体渗透压的变化，也就产生了近视。此外，女孩大多喜欢吃肉食和甜食，过量的糖会使体内血液偏酸，要使身体的酸碱平衡，就需要大量的钙去中和酸，这样就会造成血钙不足，减弱眼球壁的弹性，使眼轴伸长，渐渐就形成了近视。

不做"节食"的病态美人

我要减肥

月月今年 11 岁了，开始步入了青春期。然而，所有许久不曾见到她的人见到她，最先说的一句话就是："月月，你咋长得这样胖了？该减肥了，否则过了青春期也瘦不下来。"月月拿着自己之前的照片，竟然从镜子中找不回以前的自己了，当初自己多瘦啊，那小胳膊小腿的，现在胳膊粗、腿粗、大圆脸……连月月自己都很嫌弃自己，更别说其他人了。

月月觉得自己应该减肥了，妈妈建议："运动减肥最有效，每天吃过早饭可以出去散散步，爬爬山。"月月想想本来挺不喜欢运动的，但想到苗条的身体，忍住了。她开始随着妈妈早上出去爬山，不过这仅仅坚持了三天，她就嚷着自己坚持不下去了。这个方法又作罢，月月想自己平时少吃点不就

行了嘛？于是，她开始节食减肥，每顿都吃得很少，而且干脆将晚饭省了。妈妈知道了，斥责道："减肥是可以，但不能节食，否则你身体吃不消，营养跟不上，到时候不仅没成功减肥，反而对身体不好。"节食也不行？那如何才能达到减肥的目的呢？

::送给青春期女孩的话::

一些女孩进入青春期以后，害怕发胖，一味地节食，甚至造成青春期厌食症。青春期是人体生长发育最旺盛的时期，营养缺乏所造成的危害极大。节食很容易导致人体所需的热量不足。青春期人体代谢旺盛，活动量比较大，机体对营养的需要相对增多，不仅需要满足生长发育的需要，而且需要支撑每天学习、活动的需要。每天所需要的热量通常不能少于12522千焦，如果达不到这一标准，就会影响女孩的生长发育。

青春期的热量摄入应高于成年期的25%~50%，节食肯定会导致蛋白质的摄入不足，从而造成负氮平衡，使生长发育迟缓、消瘦，反抗力下降，智力发育也会受到影响，严重者会发生营养不良性水肿。而女孩青春期发育比男孩较早，同时伴有明显的内分泌变化，蛋白质摄入不足所引起的不良后果将会更加严重。

青春期女孩节食会导致各种维生素的摄入不足，谷类中含有丰富的B族维生素，特别是维生素B_2，缺乏时会发生口角炎、舌炎；蔬菜中含有大量维生素C，缺乏时会导致坏血病等。

当然，假如女孩子在青春期变得异常肥胖，那减肥还是需要的，否则容易患青春期肥胖症。不过，女孩子要学会健康减肥，而不是节食。

1. 不盲目减肥

处于青春期的女孩不仅身体发育很快，呈现出明显的第二性征，而此时的体重也在快速增长，包括脂肪细胞体积增大，还有细胞数量的增加，且增加的细胞数量将不会再消失。这一时期若不管理好体重，做好减肥工作，那对于减肥的身体体型和重量将有直接的影响。女孩要正确看待体重增长，在饮食方面要均衡，通过合理运动，适当控制体重，但绝非盲目进行减肥，比如采用减肥药减肥，节食减肥等方法。

2. 放平心态

女孩在青春期心理随之会有变化，即性格定型关键时期。女孩要明白心理的这种变化是由于荷尔蒙引起的，还有流行文化以及追求苗条身体等都会影响情绪化的极端对策。这时女孩减肥一定要明白自然生长变化的必然性，不要担心体重的增加，也不要单纯地认为这只是数字变化引起，而是学会通过运动和广泛的社会交往等积极途径缓解压力。

3. 戒掉零食

青春期，饮食方面处于发育期，食欲一般都旺盛，特别喜欢吃零食，这样很容易造成肥胖。进入青春期的女孩子除了爱吃零食外，喜欢安静，不再喜欢运动，这时过多地摄入热量又不能及时地消耗掉，肥胖是比较正常的。所以，女孩应控制零食的摄入，将零食换成水果，同时少吃含脂肪多的食物，多吃富含优质蛋白、维生素和矿物质的食物，以达到营养均衡，保证身体健康发育。

4. 坚持运动

在运动方面，女孩子一定要养成有规律的运动，并且要长期坚持一项运动，这样不但可以减压，同时还可以锻炼身体，更有利于减肥，保持体重。

化妆品不是青春期女孩应有的东西

我的皮肤怎么越来越差了

小静有个比自己大 8 岁的姐姐，姐姐平时喜欢化妆，家里的梳妆台上经常放着一些瓶瓶罐罐，散发着迷人的味道。小静平时没事喜欢看姐姐化妆，

本来姐姐也只是长相一般，但经过那些瓶瓶罐罐的涂抹之后，姐姐看起来漂亮多了，据说姐姐那个高富帅男朋友就是这样被吸引的。

等姐姐出门了，闲来无事的小静就开始动起小心思了。平时同桌不总说自己不漂亮吗？现在我就像姐姐一样打扮打扮，看看还有谁说我不漂亮。当然，为了避免让人一眼就看出，小静没敢每样东西都用，她只是简单地涂了点隔离霜，用了点唇膏。由于隔离霜有美白遮瑕的作用，小静感觉自己脸变白了，好像瞬间变得漂亮了。

小静再去学校，她发现平时连看也不看自己一眼的男同学竟然破天荒地多看自己两眼。而且同班女同学也直夸："小静，你皮肤好像变得很好了，最近漂亮了啊。"享受着同学夸赞的小静越来越喜欢化妆，她经常躲在姐姐屋里学化妆。

半个月过去了，小静晚上洗脸后发现自己脸上竟然长出了大大小小的疙瘩。这是怎么回事？

::送给青春期女孩的话::

青春期的女孩皮肤敏感细腻、多油等，往往容易长青春痘，而使用化妆品对于青春期女性的皮肤健康来说是百害而无一利。各种修饰性的化妆品中含有一些化学物质，并非皮肤营养、代谢所必需的营养素。一旦使用，就会破坏皮肤的屏障作用，常常使用将加重皮肤负担，容易引起皮肤老化。

甚至有些化妆品还含有一些重金属，如铅可使皮肤局部含铅量过高，引起色素沉着，还有可能引起人体慢性铅中毒。一些化妆品的不良厂商，可能为了获得快速的疗效，在化妆品中添加一些违禁成分如激素，长期使用会造成激素依赖性皮炎，皮肤变薄，大量红血丝，面部皮肤会变得十分敏感等。

所以，化妆品并不是青春期女孩应有的东西。而女性在25岁以前除非必要，尽可能减少使用化学物质的化妆品，不过可根据季节和个体的肤质，适当选择一些由植物提取的具有润肤、清洁、保湿功能的护肤品。在护肤品的选择上，也需要尽量选用正规知名品牌的产品和自己常用的产品。

1. 注意饮食习惯，多吃水果

青春期女孩注意防止外界环境对皮肤的刺激，少吃辛辣食物，多吃水果、红枣、桂圆等维生素含量丰富的水果，多吃蔬菜，多饮水，以保证皮肤营养。

2. 选择适当的护肤用品

青春期女孩应注意保持皮肤清洁，根据自己的皮肤性质，选用适当的护肤用品。在选择护肤品时，需要注意几个问题：尽量选择正规产品，知名品牌；一定要选择由植物提取的产品；不要相信美白等疗效的产品，只注重皮肤保湿；一定要选择适合自己肤质的产品，一旦在使用过程中出现什么不适就马上停止使用。

3. 注重皮肤锻炼

女孩平时需要加强皮肤锻炼，如进行冷水浴、日光浴等，以增强皮肤的抗病能力，这对于保护皮肤以及皮肤的健康都非常有利。假如有青春痘或其他皮肤病时，需要及时去医院治疗，不得自己挤脓或随便用药，以免造成不良后果。

第5章

心里充满阳光，不做"问题"女孩

处于青春期的女孩由于身体心理发展的特殊性，缺乏有效的交流与针对性的指导。在不成熟的人际交往中，各种新情况新问题的出现，如不能很好及时得到处理，就容易出现一些心理问题。

青春期女孩，拒绝自卑

我是不起眼的丑小鸭

小月今年上初一，已经进入青春期。不像同龄的其他女孩子一样，小月的穿着打扮总是过分朴素，甚至有些破烂。平时总穿着那条带补丁的裤子，神情拘谨，磨磨蹭蹭，半天都不说一句话。妈妈不停地问她一些问题，她始终不愿意开口说话，问多了，她才会难为情地说："老师同学每次夸奖我的朴素，不花哨的打扮，我都恨不得钻到地缝里，其实，我是不敢穿好衣服。"

妈妈觉得很惊讶，自己平时没少给小月买衣服，她怎么会说自己不敢穿好衣服呢？在妈妈的不断追问之下，小月才缓缓地说出了自己的心结："我个子矮，又黑、大脸、塌鼻子、小眼睛，即便我穿再好的衣服也不会漂亮，还不如穿朴素点。好看的衣服是那些漂亮女孩穿的，我穿了，只会被别人嘲笑。"听到小月这样的话，妈妈惊呆了，是从什么时候开始女儿变得这样自卑了？

∷ 送给青春期女孩的话 ∷

小月这种心理就是典型的自卑情结，她不敢打扮是由于自我价值感很低，总觉得自己不如别人，感到自卑。而青春期女孩自卑的原因有很多，比如单亲、身体肥胖、成绩不好等。而小月自卑是因为自己长得胖，样貌很普通，认为自己不被异性关注，不值得打扮得漂亮，甚至过于丑化自己，形成破罐子破摔的心理。

实际上，许多青春期女孩都会因为身体和性格的重大变化而感到惶恐。

较为极端的情况就是由于身体发育与别人不同而感到自卑。当她们感到自己的身体与众不同，比如像小月偏胖时，她们往往会产生与别人比较的心理。而且她们会变得特别敏感，有可能别人一个不经意的眼神和一句话，都会让她们变得更自卑。小月就是这样，在比较中为自以为的胖和丑感到羞愧，从而降低了自我价值感。

大部分的青春期女孩有着强烈的自尊心和好胜心，希望得到别人的尊重和理解。但是，有的女孩由于长期的失败经历，常常遭到不公平的待遇，因此自尊心受到严重伤害，便会产生自卑心理；逐渐长大的女孩子开始用批判的眼光来看待周围的事物，对老师的简单说教，喜欢从反面思考，喜欢猎奇，容易产生固执、偏激的不良倾向，从而产生逆反心理；大部分女孩内心深处有求上进的愿望，也常常努力，不过由于她们往往不能持久，反复产生某方面的问题，由于自身的惰性，经受不住外界的压力。

1. 什么是自卑

自卑心理指的是自我评价偏低，按照心理学家阿德勒的理论，自卑感在个人心理发展中有着举足轻重的作用。阿德勒认为，每个人都有先天的生理或心理欠缺，这就决定了人们的潜意识中都有自卑感存在，而6~11岁是决定一个人心理倾向是勤奋向上还是自卑、自暴自弃的关键阶段。

2. 了解自己为什么自卑

女孩子需要问自己：究竟为什么自卑。不爱打扮？其实，那些不爱打扮而表现自卑的女孩，对于能够正常绽放青春的同学，实际上是充满嫉妒的。她们也想要成为大家关注的中心，由于贬低自己，不允许自己打扮。她们压抑自己正常的需要，用相反的方式表达自己的内心。越爱美越不敢表现美，越是想要人关注，越是不敢被人关注，从而形成典型的自卑情结。

3. 相信自己

心理学家认为，假如一个孩子学会了自信、自爱，她就不会自卑。青春期女孩需要常常给予自己心理暗示：我很棒！我就是人见人爱的女孩！这样的暗示多了，就慢慢对自己充满自信了。

4. 找到自己的优点

在平时生活中，女孩要善于找到自己的"闪光点"，重新树立自信心。良好的自信心是成功的一半，培养自己的自信心，意味着将踏上成功之旅。假如遇到困难，需要告诉自己积极进取，分析原因，必要时可向父母求助，帮助自己受挫的自信心重新建立起来。

5. 多与父母沟通

青春期女孩自信心缺失，大部分原因在于家庭教育环境与方式。这时女孩要主动与父母沟通，从父母那里获取鼓励与肯定，在父母的引导下多认识兴趣相投的朋友。在这个过程中，一旦自己得到了父母和朋友的肯定，无异于增强了自己的自信心。

追星适度，不要为偶像而疯狂

她就是我的偶像

雯雯正在上初中，她很喜欢周笔畅，还参加了学校里组织的"笔迷"团，支持心中的偶像。她房间的墙壁贴满了周笔畅的海报，经常嘴里说的都是"周笔畅怎么了"，而且，回到家，还鼓动妈妈和爸爸为周笔畅投票。妈妈觉得孩子追星太疯狂了，好像有点过头了，这孩子到底喜欢周笔畅哪里呢。

上个月，雯雯说学校要交补课费了，妈妈想也没想就给了她。结果几天后，她的班主任就打电话给妈妈说女儿请假走了，妈妈一惊：她能去哪里呢？她到处都找遍了，也没找到女儿。没办法雯雯妈妈只好打电话给女儿最好的朋友，结果那女孩子支支吾吾跟雯雯妈妈说："阿姨，她请假去北京看周笔畅的演唱会了……"看演唱会？雯雯妈妈真差点晕了过去。

第 5 章　心里充满阳光，不做"问题"女孩

:: 送给青春期女孩的话 ::

青春期女孩正处于生理的发育期，性格还没有定型，心理还没有成熟。女孩判断好坏的意识还比较模糊，分辨是非的能力还不太强。因此，女孩在价值观的形成上很容易受到外界的诱惑，在树立人生观上很容易受到社会的左右。而在女孩这个年龄上所体现出来的特点是"模仿多于自觉，从众多于主见"。尤其是那些明星偶像对青春期女孩的影响力更是巨大：从他们的日常言行，到他们的价值观念；从他们的穿着打扮，到他们对观众的态度都是孩子们模仿和追随的范本。

青春期女孩追星，这是一个普遍的现象。当然，青春期的孩子心理不成熟，容易盲目崇拜，行为情绪化，在追星的狂热之下，很容易失去理智，出现疯狂的行为。如此的追星活动会影响到孩子的学习和身心健康，面对这样的情况，父母应该加以重视，积极引导，让孩子学会欣赏偶像的内在美。

1. 女孩追星到底是什么心理

"追星"行为是指青春期孩子过分崇拜迷恋影视明星和歌星的行为，心理学家表示，偶像崇拜是青春期女孩的重要心理特征之一，是青春期心理需要的反映。而青春期孩子"追星"心理是多方面的：

替代满足心理：在青春期，孩子的性意识日益发展，他们对异性的情感也日益丰富。这让他们开始幻想自己恋人的形象，不过，由于条件不成熟，渐渐地，他们把对异性的幻想转移到明星身上，以此获得满足。

从众心理：青春期是一个追逐时尚的时代，在这一时期，孩子们有较强的好奇心和模仿力，他们喜欢标新立异，追赶时髦。一旦时尚潮流袭来，他们就极力模仿，希望自己不要落伍。而对于这些孩子来说，明星则是创造时尚、领军潮流的代表人物。

炫耀心理：一些孩子刻意模仿明星们的作风，收集明星的资料，而他们把这些作为在与同龄孩子交谈时炫耀的资本，以此抬高自己的身价。一些对明星了解较多的孩子，他们在谈论这些的时候，往往会体验到一种自豪感、

满足感，觉得自己有了面子，在同伴面前有了地位。

2. 明白"崇拜""偶像"的真实含义

许多女孩子喜欢明星的理由竟然是"长得漂亮""帅气""歌唱得好""打扮够时尚"，在这样一些肤浅理由下，她们就轻易地将明星当成了偶像来崇拜。对此，女孩应明白："偶像值得崇拜的原因在于他为社会、为人类、为世界做出了杰出的贡献，在他身上有值得我们欣赏的高贵品质，或许，他们身上并没有什么耀眼的光环，他们就跟你们一样，只是一个普通人，但是，他们的一生不平凡……"

3. 看到某些明星的不足之处

女孩在追星时，可以通过观察发现明星身上的不足之处，比如明星的发型、服饰、表情、习惯动作、口头禅等。比如，有的明星醉酒驾车、有的明星吸毒、有的明星对着记者说脏话等。学会认真分析，并以理智的态度来面对明星，明白"明星也是人，他也有缺点，并非他说的每一句话都是真理，每一种行为都是榜样"。

4. 寻找真正的偶像

榜样的力量是无穷的，是每个孩子都需要学习的对象。不过女孩追寻的是否就是真正的偶像呢？不妨多接触历史，了解一些中外名人、伟人，熟悉更多的科学之星、艺术之星，追寻到自己的真正偶像。

学会欣赏别人，杜绝嫉妒

我就是讨厌她

婷婷有一个表妹，两个人只相差一个月。相比较起来，表妹比较苗条白皙，性格也比较娴静。有一次晚上在一起吃饭，婷婷爸爸夸了表妹几句，婷婷婷马上醋意大发，一会儿对妈妈说："我爸爸有毛病吧？再夸人家也成不了她的女儿。"一会又说："真是讨厌，睫毛长有什么了不起，长得瘦又有什么了不起，就这么招人待见吗？"

妈妈安慰婷婷："她毕竟是你表妹，你怎么能这样说人家呢？"婷婷很不屑："什么表妹？她在学校那么受人欢迎，谁看得出我这个又黑又胖的人是她表姐啊，长得漂亮有个屁用，还不是一样要吃饭睡觉……"

:: 送给青春期女孩的话 ::

其实不仅青春期的女孩，嫉妒是各个年龄段的人，或者说所有人的人性中共有的一个弱点。英国哲学家培根说："嫉妒这恶魔总是在暗暗地、悄悄地毁掉人间的好东西。"大剧作家莎士比亚也说："您要留心嫉妒啊，那是一个绿眼的妖魔！谁做了它的牺牲品，谁就要受它的玩弄。"

黑格尔就曾经说过："有嫉妒心理的人，自己不能完成伟大的事业，乃尽量低估他人的强大，通过贬低他人而使自己与之相齐。"嫉妒心强的女孩子势必会因为情绪不佳影响学习。另外，因为强烈的嫉妒心驱使，孩子事事争强好胜，总想给别人使小绊儿，压别人一头，这样一来，也势必会在人际交往中被孤立。由此可以看出，嫉妒是一种不良的心理状态，对青春期女孩的健康发展极为不利。

在学习上，当看到有同学的成绩超过了自己，心理便觉得很不舒服；当看到自己的朋友与其他同学来往密切，便会生气、心生怨恨；当别的同学获得老师的赞扬、称颂时，心中便会愤愤不平，充满妒意……这都是青春期女孩常出现的嫉妒心理，很多女孩都知道这种心理是不好的，但是又控制不了自己。

1. 什么是嫉妒心理

心理学家认为嫉妒分为两种，一种是"激性嫉妒"，特征是应激性，来势凶猛，容易导致突发事件；另一种是"心境嫉妒"，它与心境有关，作用虽然缓慢但是最终却会让一个人的心境变得忧心忡忡，郁郁寡欢，倍感孤寂，

甚至积愤成疾。

青春期孩子的嫉妒具有明显的外露性，有时还具有攻击性、破坏性。孩子的嫉妒与成年人的嫉妒有不同之处，主要是不能有效地控制自己的情感。孩子直接而坦率地表露情感，根本不考虑后果。可以说嫉妒是一种消极的心理，是对别人在品德、能力等方面胜过自己而产生的一种不满和怨恨，是一种被扭曲了的情感。如果孩子将这样负面的心理保留到以后，那孩子就难以协调与他人的关系，难以在生活中保持心情舒畅。

2. 你知道自己的嫉妒源于什么吗？

通常青春期女孩的嫉妒心理产生的原因有三：一是环境影响。假如在家里，父母之间互相猜疑，互相看不起，或当着孩子的面议论、贬低他人，会在无形中影响孩子的心理；二是孩子能力较强，不过某些方面比不上其他孩子。通常各方面都比较弱的孩子，他们会处于安分的状态，因为他们已经习惯于当弱者。而那些能力较强的孩子，就会对别的有能力的小朋友产生嫉妒；三是不恰当的教育方式。有的父母经常对自己的孩子说他在什么方面不如某个小朋友，让孩子认为父母喜欢别的小朋友，不喜欢自己。

3. 正确面对自己的嫉妒心理

青春期女孩的嫉妒是直观的、真实的甚至自然的，完全不似成年人嫉妒心理那样掺杂着许多的因素，它只是孩子对自己愿望不能实现而产生的一种本能心理反应。假如发现自己存在嫉妒心理，不要惊慌，不要觉得大惊小怪，正确的做法是应该及时疏导，转变心态。

4. 分析自己与嫉妒对象产生差距的原因

女孩子的思维方式主要以具体形象思维为主，通常不具备对事物进行全面分析的能力。女孩子往往会将自己的嫉妒简单地归于自己或所嫉妒的对象，而不去考虑其他因素。一旦发现自己讨厌某个人，应该全面分析自己与嫉妒对象之间产生差距的原因，能否缩短这些差距，采用什么样的方法来缩短这种差距，以积极的方式缩短实际存在的差距，化解内心的不平衡。

5. 注重美德方面的学习

一般嫉妒心理大多数产生在有一定能力的孩子身上，他们觉得自己有能力，却没有受到别人的表扬，所以对那些受到注意和表扬的孩子产生嫉妒。对此，女孩要注重自己美德方面的学习，懂得"谦虚使人进步，骄傲使人落后"的道理，明白即便没有人称赞自己，自己的优点依然存在，假如继续保持优点，又虚心向别人学习，自己才会得到更多人的喜欢。

6. 培养自己乐观的性格

青春期女孩应试着理解人与人之间客观存在的差异性，明白每个人有自己的优势和长处，不过同时每个人也有自己的劣势和短处。尽可能充分发挥自己的长处，扬长避短，在生活和学习中学会正视别人的优势和长处，欣赏别人的优点，从而可以学习、借鉴对方的优势，以弥补自己的不足。

7. 注重正确的竞争意识

大多数有嫉妒心理的孩子都有争强好胜的性格，孩子应用自己的努力和实际能力去与别人比较。竞争是为了找出差距，更快地进步和取长补短，不可以用不正当、不光彩的手段去获取竞争的胜利，将自己的好胜心引向积极的方向。

女孩儿别把奇装异服当个性

我要的就是个性

露露正在上初二，个子不怎么高，她平时兴趣爱好很多，比如唱歌、玩滑板、跳街舞等。最近，露露越来越讲究穿着。她总是喜欢穿新衣服、新鞋子，那些以前的旧衣服则很少问津。她每天早上起来很早，但并不是用来学习，而是反复换衣服，照镜子，直到看到自己满意的一身打扮才出门。有时候，上午穿了一套，下午还会再换掉一套。

不仅如此，露露的穿着打扮越来越标新立异了。她喜欢穿奇装异服，还经常和一些乱七八糟的朋友玩到深夜才回家。后来，直接将满头黑发染红，把指甲也涂红，满口脏话。妈妈觉得很不可思议，责问露露为什么这样打扮，露露回答却说："我要的就是个性。"

:: 送给青春期女孩的话 ::

在大街上，到处可以看见一些"奇装异服"的女孩，有些还只是初中生，刚刚进入青春期。青春期的孩子已经开始发育，并开始注重自己的外貌和打扮，而她们最大的特点就是喜欢一些惹眼的装扮，让人一眼就能从人群中分辨出来。孩子如此"非主流"的装扮，让许多父母很是担忧，到底是什么原因让孩子这样打扮自己呢？

青春期女孩子追求叛逆、自由的生活，叛逆是青春期心理的一大特征，这一特征让许多孩子喜欢穿奇怪的衣服，试图让人看到他们的与众不同。而且，他们以这种方式来弥补心中的不安。许多青春期的孩子有意穿着奇装异服，潜意识是想弥补心中的不安。心理学专家认为："如果一个人界限感薄弱的话，除了感到与他人不同之处，还很难把握和他人之间该保持多远的距离。"许多孩子对自己与别人的交往感到不安，对自己的生活也感到不确定，他们为了保持心理的安全感，就很喜欢穿着夸张的衣服，人为地与外界社会划清界限，以此缓解内心的不安情绪。

女孩到了青春期，有了强烈的自我意识，她认为怎么样打扮自己都是自己的事情，她们不允许父母干涉，更讨厌父母对自己品头论足。其实，女孩的选择无可指责，或许，奇装异服能让孩子们找到"特立独行"、"有个性"的感觉。女孩喜欢这样的服饰，其实是显示出心里的一种渴求。

1. 选择合适的服装

莎士比亚曾说："如果我们沉默不语，衣裳和体态会泄露过去的经历。"如果你的打扮让人对你的身份产生不好的联想，那说明你的装扮很不合时宜。无论你是追求个性，还是追赶潮流，最好还是选择符合自身年龄、身份的装束，这样才会让你更加美丽。

2. 帮助自己找回自信

假如女孩特别在意自己的外表，穿着奇装异服，并希望通过此举来找回自信，那就是大错特错了，这一切行为都是女孩不自信的表现。与其通过奇怪的外表打扮来找回自信，不如努力学习，以取得好成绩来找回自信。因为一个真正自信的人是不需要刻意来证明自己的，更不会通过奇异的发型服饰来引起别人的注意的。

3. 认识美的本质

本来，青春期女孩子爱美打扮是很自然的事情，这是无可厚非的。但是，由于女孩对美的本质认识还很肤浅，她在追求美的时候往往会出现一些偏执倾向，比如盲目节食减肥保持苗条的身材，穿着打扮过分追求成人美。于是，她在追随时尚、刻意修饰、矫揉造作，结果却失去了纯真、健美和青春气息。实际上，美的本质就是真实，即使你不打扮，你一样美丽，因为你纯真。相反，你若是过分打扮，反而失去了少年的纯真，这样反倒是不美的。

4. 正确看待时尚与潮流

青春期女孩子经常是跟着时尚走，社会流行什么，她就追逐什么。然而，时尚其实就像浪潮，或许，你认为现在流行的是美的，但是，过不了多久，它就被淹没在大海里，因为新的浪潮又打过来了，而你追逐时尚的过程，其实就是一个永远没有办法停下来的过程。而且，孩子，真正的时尚来自于心里，而不是外在表现，就算你打扮再时尚，但你其实就是一个中学生。

要学会控制青春期的强迫症

我控制不了自己

小颜觉得自己有一个特别不好的习惯——强迫症。有时候睡觉睡到半夜总觉得被子上有虫子,结果花大半天的时间寻找,床上根本没有虫子,难道是自己做梦了吗?

于是,第二天小颜会让妈妈把被子晒一遍。回到家,睡觉前,小颜会问妈妈:"妈妈,你今天晒过被子没?"妈妈点点头,结果第二天晚上小颜依然会问妈妈:"你今天晒过被子没?"常常问得妈妈莫名其妙。

更让小颜觉得不安的是,自己在写作业,只要是一点点脏了,必须重新写过。为此她在写作业时经常感觉时间不够用,别的同学早就写完了,她还没写完。有时会自我安慰,没事就这一次,结果一看见页面脏了,又马上用橡皮擦干净了重新写过。小颜想控制自己,却又无法控制,她也不知道该怎么办?

∷送给青春期女孩的话∷

近些年来,有不少青春期女孩发现自己心理存在问题,比如上课时过于关注黑板以外的事物,无法集中精力听课,有的孩子还会对书上的一些公式反复地想它为什么会是这样的呢?有的孩子上学前会一遍一遍地检查书包长达半小时之久,其实这就是强迫症倾向。

强迫症是日常生活中存在的一种强迫思维,自己的行为不受自己的控制。孩子年龄越小,强迫症的症状表现就越明显,对孩子的影响就越大。通常情况下,青春期强迫症有这样一些特点:所谓的青春期强迫症是一种患者明知不必要，不过却又没办法摆脱，反复呈现的观念、情绪或行为，越是努力抵制，越是感到紧张和痛苦。孩子发育的早期，可能有轻度的强迫性行为，比如有的孩子走路时喜欢用手抚摸路边的电线杆；有的孩子走路时喜欢用脚踢小石头；有的孩子喜欢反复计算窗栏的数目等。不过，这些行为不伴有任何情绪障碍，且会随着年龄的增长而消失。

稍微严重的强迫症表现为，反复数天花板上吊灯的数目，反复数图书上人物的多少，强迫计算自己走了多少步。有的孩子则表现为强迫洗手，强迫自己反复检查门窗是否关好了，反复检查作业是否做对了。甚至睡觉前，不断检查衣服鞋袜是否放得整整齐齐，有的孩子则表现为仪式性动作，比如要求自己上楼梯必须一步跨两级，走路必须一下走两步路。这些孩子，如果不让他们重复这些动作，他们就会感到焦虑，甚至生气。

1. 克制自己的行为

当青春期女孩的强迫症发作的时候，可以促使自己有意识地用手腕上的橡皮筋来弹自己，从而克制自己的强迫行为，通过外力的作用来阻止强迫症的发作。心理学家一般认为参与示范比被动示范的治疗效果更好一些。

2. 增强自己的自信心

女孩要有意识地增强自己的自信心，比如考试前焦虑症等轻度心理问题，可以告诉自己考前每个人都会紧张，不只是你一个人心情焦虑，以此放松心情。当自己丧失信心的时候，鼓励自己，让自己重新树立信心。

3. 顺其自然

心理学家建议用"森田疗法"，这是治疗强迫症比较好的方法，所谓"顺其自然，为所当为，不治而治，事实为真"。女孩强迫症产生的根源就是"怕"，正因为存在各种恐惧，才会导致不断重复地去做某事，怕的时候要怎么应付，"顺其自然，为所当为"，即不要刻意去强化强迫症的观念，转移注意力，做应该做的事情，才会治愈强迫症。

4. 正确认识强迫症

青春期女孩要正确对待强迫症，认识头脑中那些不合理担心的错误性，

但这些长时间以来的恐惧已经深入潜意识里，因此想要短时间内改变，这是不简单的。孩子可以与父母结成联盟，请求父母监督和引导，共同从改变一点一滴的小习惯开始，结合行为疗法，改变旧习惯，建立新习惯。

乐观的女孩儿惹人爱

哎，烦死了

形形平时最喜欢说的一句话就是："为什么所有的事情都是这样，就没有一件顺利的。"妈妈安慰："你换个角度看问题，或许就不一样了。"形形没好气地说："事情都这样了，我能怎么看啊，哎，真是烦死了。"这天形形因上学时忘了带手机，结果她一整天心情都不好。一回到家就抱怨："为什么所有的事情都不按照我想的那样发展，总有这样的烦心事。"妈妈问："又发生什么事情了？"形形很不耐烦地说："别问我了，烦死了！"说完就摔门而去。

:: 送给青春期女孩的话 ::

其实，影响孩子情绪的都是一些日常生活中的小事情，如果孩子可以换一个角度去看待，也许就没有那么悲观了，孩子也会以乐观的心态来面对生活。对于正在成长中的孩子来说，乐观具有深远的意义，它会渗透到孩子的一生，影响孩子一生的幸福。乐观的心态可以诱发孩子采取行动的强烈动机，也可以给孩子提供充满勇气、战胜困难的力量。

乐观的心态，自信的笑容，这对于任何一个人来说都是不可或缺的财富。女孩的心理素质和性格形成过程中，乐观心态是一个必不可少的基本成分。尽管女孩子乐观开朗的性格并非天生的，但通过后天的培养以及心态的调整，也是可以养成积极乐观的性格的。

1. 以乐观的态度看待问题

一个女孩子的成长健康与否，与她的心态有很大的关系，女孩子良好的心态会给她带来健康的身体、健全的人格。如果女孩子有意识地培养自己广泛的兴趣和爱好，就可以让自己对生活充满了向往。对自己感兴趣的事情就去做，尽可能地参加集体活动，接受来自同伴们的积极压力，将锻炼与兴趣结合起来。一旦自己拥有越来越多的成就感，就会极大地增强自信心，逐渐就会形成乐观的心态。

2. 换个角度看问题

有时候，当事实无法改变的时候，可以换个角度看问题。比如，当自己作业很多，需要写到很晚的时候。你可以说：最近功课比较紧张，估计又要加班了。而不是说：真是烦透了，每次都是这么多作业。换个角度看问题，可以给自己内心传递一份乐观的情绪，让自己在生活中找到自信，从而让自己以乐观的心态去看待身边的每一个问题。

3. 避免哭泣

孩子，当你成绩下降了，不要过分紧张和难过，这会影响自己的情绪，无形之中增加自己的心理压力。请努力克制自己难过的情绪，安慰自己：这不过是一次考试而已，难道我要为此感到不愉快吗？等我努力之后，再来迎战，我相信到时候我会表现得更好。

学会为自己的青春期解压

我很累

平时，彤彤放学一进家门，就跟妈妈说："妈妈，我今天好累呀，能不

能少写点作业，少做些题？"形形真是累了，从进门开始就是一副无精打采的样子，妈妈问孩子："怎么了？"形形喘着气说："每天作业太多了，我放学一回家就开始写、写、写……"

上周末妈妈打算带孩子去学小提琴，结果快到老师门口了，形形小声央求妈妈说："妈妈，求你别让我学小提琴了，星期六我已经上了三门课了，我要累死了！"看着孩子乞求的眼神和失去了快乐的笑脸，妈妈的心不由得隐隐作痛。

::送给青春期女孩的话::

很显然，孩子产生了心理疲劳效应。望子成龙是很多父母的夙愿，不过美好的夙愿却由于不恰当的教育方法而让这些孩子成为"疲惫的一代"。许多父母希望在孩子身上实现自己的梦想，有的父母注重孩子的学习成绩，给孩子进行题海战术；有的父母注重孩子的才艺培养，让孩子参加各种兴趣班。父母就像是拔苗助长的农民，急切地拔高自己的秧苗，却不在乎身心疲惫的孩子。

今天的孩子在物质上可以得到满足，不过他们也仅仅有物质上的满足。孩子承载了父母太多的希望。"不让孩子输在起跑线上"成为了许多父母的口头禅，孩子呱呱坠地时就定下了考大学的目标，于是让几个月的婴儿学识字，牙牙学语的孩子学英语。辅导班、特长班让孩子应接不暇，结果孩子的书包越背越重，眼镜片越来越厚，孩子长时间的不堪重负，使得他们脸上很难有属于自己童年的纯真的笑容。

孩子产生心理疲劳的主要原因就是精神紧张和学习过量，许多孩子担心父母失望，加上学习压力大，由此导致心理的紧张与疲劳。孩子正处于心理和身体的发育时期，过小的年龄担负不了太大的压力，长时间让孩子超负荷运转，会让孩子减少欢乐，增添疲劳与紧张，容易产生缺乏信心、没有热情、考试焦虑等心理问题，对孩子健康人格的形成和良好品行的养成，都有极大的负面影响。

1. 什么是心理疲劳

青春期女孩的心理疲劳表现为：不喜欢上学、不愿见老师，有的甚至一到上课时间就喊肚子疼；不愿做作业，一提作业就烦躁，一看书就犯困，不愿翻书本；即便在没有外界干扰的情况下，注意力也不能集中，有的孩子尽管手里拿着书，却始终看不进去；不愿意父母过问学习的事情，对父母的询问保持沉默，或情绪极度烦躁；上课常常打不起精神，课后却非常活跃，常常是"玩不够"。

2. 自我减负

学要痛痛快快地学，玩要痛痛快快地玩。这句话是对学习和生活的最好诠释。只有玩好了，休息好了，心理疲劳才会消失。情绪好了，精神饱满了，再反过来学习，才能高度集中注意力，使学习取得最好的效果。

3. 注意休息

青春期女孩要多给自己预留运动和娱乐时间，给自己内心的压力找个宣泄出口，以平常心看待考试，用积极的心态应对学习上的各种挫折。平时多注意休息，压力自然会有所缓解。

4. 心理减压

女孩子可根据自己的实际情况，明确和分解阶段性的奋斗目标，用不断取得的小成绩激励自己，恢复自我的自信心，让自己在愉快的情境中消除身心的疲劳感。

5. 培养自己的学习兴趣

青春期女孩本身就有旺盛的求知欲，平时需要善于去发现学习的乐趣，感觉到学习知识是快乐的事情。让自己带着愉快的心情去学习，即便学习内容多、难度较大，自己也不容易感到疲劳。

第6章

与男生交友有度，青春期拒绝早恋

青春期可以说是一个人一生中变化最多的一个时期，幻想与困惑、理智与激情同时存在，心态的变化，外界的刺激，各种各样美好的幻想，以及对知识的渴求交织在一起，这让女孩子们开始对异性有了懵懂的情愫。

对异性有莫名的好感怎么办

异性眷恋期

最近,班里一次偶然的男女生调换位置,却引来了许多同学的哄笑,有些胆子比较大的同学竟然开玩笑说:"这样就真的绝配了。"而那位被调换位置的女生似乎意识到了,脸红了,头低得很低。而且班里还有传递纸条写情书的现象,一位写作能力较好的女孩子用她细腻的文笔抒发了她对一位男生的爱意。而那些性格比较外向的男生一下课便跑到自己有好感的女孩子的班上,希望能够引起女生的注意。

在课间的走廊上、教室里,经常看到男生女生,你追我打,嘻嘻哈哈。每当男生在操场打篮球的时候,旁边总是三三两两围着一些女生。

虽然,这些孩子仅仅处于小学六年级,但她们已经进入了异性眷恋期。

::送给青春期女孩的话::

歌德说:"青年男子哪个不善钟情?妙龄少女谁个不善怀春?"在青春期,孩子爱慕异性,这是极为正常的心理现象,这是每一个精神发育正常的青春期女孩都会有感情的自然流露。进入青春期以后,男孩女孩彼此向往、互相爱慕,是孩子心理发展的一个重要表现,这也是他们恋爱成功与婚姻美满的性心理基础。

1. 青春三部曲

青春期的异性情感发展需要经历三个阶段的心理过程,称为"青春三部曲":

异性排斥期

这个阶段大概在孩子9~10岁,持续时间大约为两年,在这一阶段,孩子的身体开始出现一些青春期早期的生理变化，比如，女孩子的乳房开始发育，男孩子开始长阴毛。在孩子的潜意识里不愿意让别人发现自己身体的变化，因而产生了对异性的排斥心理。具体表现为，原来是两小无猜、互相打闹的好朋友，忽然变得生疏起来，互相回避，彼此不说话，不往来，男女界限"泾渭分明"。

异性吸引阶段

在孩子12~13岁，这一阶段将持续两三年的时间。孩子开始对异性产生好奇与好感，渴望参加有异性的集体活动。他们希望能结识有共同话题的异性朋友，这是孩子们学习与异性交往的重要时期，他们往往能在活动中发现自己喜爱的异性类型。

异性眷恋阶段

这一阶段又称为原始恋爱期，是青春期发展阶段的第三个时期。大多发生在孩子15~16岁，在这一阶段，孩子们心里蕴藏着内心的强烈眷恋，但又不敢公开表露，他们只是用精神心理交往方式来显示自己情感的纯洁性。同时，这也是孩子们的性心理发展阶段，他们的内心虽然多了冷静与理智的成分，但是，却没有办法克制自己的行为。

2. 正确看待异性眷恋期

每一个青春期的女孩子都要经历这样一个过程：排斥异性——在群体中找到自己喜爱的异性类型——期望与自己喜欢的某个异性深入交流。青春期女孩的性心理发展历程，不能简单地定义为早恋，所以，女孩需要了解自己这种对异性眷恋的心理需求。

3. 多参加群体劳动

在青春期异性相吸的阶段，青春期女孩应多参加群体活动。如果在这一阶段没有获得更多的机会参加群体活动，在群体交往中寻找自己喜欢的异性类型。那么，你有可能就会直接进入下一个发展阶段——眷恋某一个异性。所以，青春期女孩要多参加对身心健康有益的活动，以转移注意力，发泄充沛的精力。女孩可根据个人兴趣发展个人爱好，这样的话，早恋会适当减弱

或转移。

4. 如何正确与异性相处

青春期女孩子对异性有强烈的好奇心，她渴望接近异性又害怕受到来自异性的伤害。对此，女孩应理解自己的这一正常心理需求，大方地与异性朋友相处，在交往过程中，尊重对方人格，真诚交往，互相学习。在与异性单独接触的时候，注意分寸，尽量不要晚上与男孩子约会。假如对方提出一些无理的要求，敢于拒绝，或求助于父母。

学会和男同学友好相处

如何与异性同学相处

她正在做数学作业，旁边突然传来一个声音："哎，你的数学真好，这么难的题都找到了解题方法，真佩服你耶。"媛媛一回头，差点碰到同桌小东的脸，看着那轮廓分明的脸，媛媛心里漏掉了一拍。小东毫无顾忌地坐下来，看着媛媛写作业，媛媛心里一慌乱，不小心就把题给解错了，小东好心地指出来："这里好像不是这样的，你再检查检查。"媛媛觉得有点伤自尊，没好气地说："你不坐在这里，我能写错吗？"小东一愣，一言不发地走开了，只留下媛媛一个人呆坐在那里。

看着小东走开了，媛媛觉得自己不应该这样生气。于是，她放下笔，等着小东回到座位上。她有点不好意思，微笑着说："对不起，刚才我说话太不客气了，那个……"小东毫不在意："没关系，其实我是想跟你请教数学题来着，没想到你这样凶，哈哈……"两人相视一笑，很快就凑在一起讨论那道难解的数学题了。

第6章　与男生交友有度，青春期拒绝早恋

❀ ∷ 送给青春期女孩的话 ∷

进入青春期的女孩子，由于性生理上的急剧变化，也引起了心理上的一系列微妙而复杂的反应。在很多时候，女孩子在与异性相处之间，会因为心理上的不适应而使双方之间的关系变得疏远，甚至给异性造成心理上的伤害。其实，青春期的女孩子需要明白异性间的相互交往及由相互吸引而产生的愉悦的情绪体验是一种良好的、积极的情绪体验，它不仅对身体健康有很大的影响，而且可激发人的潜能，使人敏捷活跃而奋发向上。

那么，在实际交往中，青春期女孩子如何正确地与异性相处呢？

1. 取长补短，丰富自我个性

当进入青春期以后，由于性激素的分泌，第二性征的出现，使青春期女孩的身体外形及体内功能发生了很大的变化。这样的变化使父母惊叹，孩子长大了，也会促使女孩子们自己性别角色的认知的发展。所以，这时候青春期女孩子和男孩子之间心理上的差异越来越明显。男孩子性格开朗、勇敢刚强、果断机智，不会拘泥于细枝末节；女孩子性格则多偏向于文静怯懦、优柔寡断、感情细腻丰富、举止文雅、灵活。其实，在这一阶段，男女同学是互相吸引的，双方大方自然的交往，往往易于发现对方的长处和自己的不足，以利于相互学习、取长补短，丰富完善自己的个性。

2. 互相帮助，互相学习

一般来说，男孩子在思维方法上偏重于抽象化，概括能力较强；女孩子在思维方法上多倾向于形象化，观察细致，富有想象力。如果男女孩子在一起学习，就有可能互相启发，使思路开阔，使思维活跃，思想观点也能互相启迪。这可以让男女生在互相的交往中，互相帮助，互相学习，达到共同进步。另外，即使在活动中，男女生都是互补的，男孩子的活跃加上女孩子的文静，更是一首动人的青春旋律。

3. 提高自我评价能力

青春期的男孩子都会很留心班上女孩子的一举一动，他们喜欢对女孩子

品头论足，而且很重视异性同学对自己的评价。如果哪位男同学在寝室很懒散，衣服被子都不洗，大家把这样的事例放在女孩子面前说，男孩子就觉得自己很没有面子，很受伤，甚至觉得懒散的自己再也不会受到女孩子的欢迎了。其实，当男女生之间在评价对方的同时，也一定会注意规范自己，塑造自己，完善自己，从而在评价别人中学会评价自己，使自己自我评价的能力得到了提高。

4. 不断地激励自己

处于青春期的女孩子都渴望引起异性的关注，希望自己以某些特点或特长受到异性的青睐。有的女孩子吃饭总是狼吞虎咽，但如果有男生在场，她就会收敛自己的行为，懂得谦让，显露出淑女的风度。有这样一种异性效应，女孩子会不断地激励自己，成绩逐渐提高，谈吐也开始文明起来，举止也会潇洒起来，还会特别注意自己服装的整洁度。她们往往富于勇敢探索精神，具有豁达的胸怀和淑女气质。

当然，青春期的女孩子在与异性交往中既要无拘无束，坦诚相待，相互激励，共同进步，又要注意男女有别，适当把握异性之间交往的"度"，才能使异性交往健康顺畅地进行。

妥善处理男孩的深情告白书

我收到情书了

下午上完了体育课，苏苏满头大汗地跑到教室，急忙把抽屉里的一瓶水拿出来，直往嘴里灌。猛地喝了几口，感觉已经不是很渴了，她就坐下来，发现地上有一张粉红色信纸，好像是刚才自己拿瓶子的时候给带出来的。她好奇地拿起来，慢慢打开信纸，看到里面写着："苏苏，犹豫了好久，还是决定给你写这封信……你不要猜测我是谁，我只是一个默默喜欢你的男孩子，我很普通，普通到你可以忽略不计……希望你每天都那么快乐。"一下子看完了信的苏苏，觉得血液涌上了脸，连忙把信塞进抽屉里，又拿着瓶子喝了几口水，心里一片慌乱。

过了一会，心平静下来的苏苏开始猜测，这到底是谁写的呢？看那潇洒的字迹，自己好像很熟悉，但又想不起是谁来。这时候，同学们陆续进了教室，看着一张张熟悉的面孔，到底是谁呢？突然，进来的阿俊意外地看了苏苏一眼，阿俊是个平时不怎么说话的男孩子，但是长得很俊秀，写得一手好字。苏苏回忆起上次收练习本的时候，自己还夸阿俊的字写得很好呢。原来，是他，苏苏心里一片慌乱，不知道该如何是好。

∷送给青春期女孩的话∷

在成长的岁月里，几乎任何一个处于青春期的女孩子，都有可能碰到异性的追求，这是一种正常的现象。对女孩而言，随着青春期的情窦初开，对异性产生渴望，并在暗中祈祷爱神的降临，这属于正常的心理。但是，让孩子感到麻烦的是，不少女孩在与异性的交往中，常常会遭遇到"落花有意，流水无情"的情况，自己中意的人未必会喜欢自己，而那些自己不喜欢的人却偏偏对自己有好感。孩子在面对这种情况的时候，常常感到手足无措，不知道如何拒绝对方，也不知道如何保护自己。

孩子，当你收到了一张粉红色的信纸，那潇洒的字迹，那字里行间真情的告白，那弥漫在信纸上的暧昧，这都会告诉你这不是一封普通的信，而是一封情书。相信此刻，你的心里充满了惊讶、欢喜、不安，甚至更多的是慌乱，不知道该怎么办才好。其实，当父母知道你收到了一封情书，肯定会感到由衷的欣慰，孩子长大了，也有男孩子喜欢了，那说明在你的身上有了某种迷人的东西，那就是一种吸引力。你不要感到窘迫，也不要感到不安，应该感到骄傲。

情书，在青春期里，是男孩子与女孩子之间表达爱慕之情的书信，每个处于青春期的男女生都会懵懂地想写情书，这是情理所在，是无可非议的，

但考虑到你们是学习的最佳年龄，最好还是少做这样的事情。另外，你收到了情书，如果你不想回应，你们不妨按下面的办法进行：

1. 假装不知情

若无其事，也许他写信只是一时的冲动，假如你急于回信，会给对方一种错觉，他会认为你也有意，可能会继续给你写信，所以，你不妨装作不知道，这样与他正常交往，既不过分疏远和回避，也不过分热情和亲近，要落落大方，坦然自若。

2. 婉拒对方

或是直接向他表明自己的态度，婉言拒绝对方，以后会珍惜彼此之间的友谊，也要向对方保证，自己一定会保守这个秘密。或是将信件还给对方，同时告诫对方，不要再写，否则就会告诉家长或老师。总而言之，你拒绝的态度要坚决，用恰当的方式，语气要温和。

3. 正确对待异性的追求

如果女孩收到了异性的求爱信件，可以表明自己的态度，比如"我们现在年龄还小，还处于求知阶段，不应接受这份感情"。相信对方都会尊重这样的选择。需要提醒的是"在给对方答复的时候，一定要态度明确、坚决，不能含糊其辞，使对方产生误解"。

4. 尊重对方的感情

女孩需要尊重对方的感情，喜欢一个人没有错，一定要尊重对方，不要轻易将对方的信件、纸条公布于众，更不要当众嘲笑对方，这样会伤害对方的自尊心，还会使事情变得复杂起来。

5. 正确应对无理的异性纠缠者

如果遇到那种无理纠缠或以死相威胁的异性，则需要见机行事。比如：可以暂时先假装答应对方，先稳住对方的情绪，然后把这件事情告诉老师，让老师给对方做思想工作。在使用这种拒绝方法的时候，需要记住这一点："暂时答应对方要求的时候，只能做口头的承诺，绝不能答应对方不合理、更进一步的要求。"

女孩，失恋并不是可怕的事

我失恋了

燕南正在上高一，前不久，她喜欢上了班里的一个男生，但那个男生却对她没意思，这使得燕南很苦恼。自己给那男孩子送了礼物，表了态，但最终还是失败了。本来，燕南性格很开朗，近段时间却总是为"失恋"而痛苦。

尽管妈妈并不知道燕南是为什么而心烦，但她最近观察到女儿好像发生了什么事情。于是，妈妈做了燕南最喜欢吃的可乐鸡翅，打算与女儿好好地聊一聊。谁料燕南对可乐鸡翅的香味浑然不觉，只是闷闷地坐在沙发上。妈妈问道："宝贝，最近怎么了？"燕南丢了一句："失恋了呗。"妈妈心漏了一拍，还没听说女儿恋爱呢，怎么就失恋了呢？她赶紧安慰女儿："别痛苦啦，失恋又不可怕，你不失恋，怎么会知道爱情原来如此不容易呢……"

∷ 送给青春期女孩的话 ∷

对于中学阶段处于青春期的女孩子来说，她们需要成长的不仅仅是知识和技能，还有情感体验方面的内容。青春期的女孩子会遭遇感情问题，比如失恋。其实，"失恋"这样的字眼有些牵强，因为有的女孩子还没有真正恋爱过就向父母宣布自己"失恋"了。这样的"失恋"并不是成年人的失恋，而是对一份懵懂感情的失落感。因此，与其把女孩子的感情遭遇看成是一次"失恋"，不如引导女孩当成这是心性成长的必然过程。

如果女孩能与异性交往，会让孩子的情绪情感都能得到补偿，这样更有利于她们成年后的人际交往、婚姻生活。不过，青春期女孩子早恋的现象，不可避免地带来了一系列感情问题。曾经有一位16岁的高中女生去医院就

诊，她最初只说自己胃疼，但就是治不好。后来，她才告诉心理医生，自己失恋了。心理医生表示："失恋让孩子情绪很焦虑，引起了抑郁，长时间的精神紧张导致了胃疼。青春期的孩子心理不成熟，感情不顺利就自责，觉得这都是自己的错，这样很让他们感到烦躁心慌。而且，孩子羞于开口，不愿意跟父母、同学诉说自己的感情问题，只能压抑在自己心中，时间长了伤身又伤心。"

1. 正确认识"失恋"

一位哲学家说："人只有通过一次真正的失恋痛苦和折磨，才会进一步成熟起来。"面对失恋的现实，检点自己的行为，重新评估对方的人格，从中吸取经验和教训，促进心理的发展和成熟。孩子，失恋并不是一件坏事，这是一种自然的社会现象，等你有本事了，长大了，你会有更多更好的选择。爱情并不是生命的全部，为了失恋而搞垮身体，影响学业，这是很不值得的。

2. 回归家庭，感受家庭的温暖

女孩失恋了，那就回归家庭，感受家庭温馨的气氛，感受父母的爱。比如与父母一起出去散散心，或者出去玩一次。或者，做一顿自己最爱吃的饭菜。你会从中发现，即便失恋了，但最关心自己的依然是家人，这样心里就不会感觉孤单和苦闷了。

3. 转移自己的注意力

女孩失恋后，可以将时间和精力转移到学习上来。作为青春期女孩子，正处于学习知识的黄金时间，尽量将更多的时间放在学习上。早恋会浪费你的时间，还会伤害彼此，而且很影响自己的心态，影响平时的学习。

青春期女孩远离钟情妄想症

寂寞的单恋

阿蓉今年刚上初二,今年九月份,班里转来一个外地的学生,他是一位个子高高的男生。阿蓉对那位男生印象很好,而那个男生有一个习惯,每次路过阿蓉桌子的时候,总是一只手按在她的桌面上,这时,他总是面带微笑,这让阿蓉觉得很温暖。而那个男生主动与阿蓉搭话,经常会向她问一些难题,因为阿蓉在班里成绩一向不错。

后来,那男生还主动拿着饭盒找阿蓉一起吃饭,阿蓉觉得那男生的一举一动,都表示他喜欢上了自己。就在国庆节的时候,男孩去了西安,买了几个石榴仙子的吉祥物,回来时送给了阿蓉一个,说是可以当钥匙串儿,阿蓉感觉这是那个男生给自己的定情物。但是,没过多久,阿蓉发现那男生又与同一班另一个女生坐在一起吃饭,时而说笑,时而打闹,阿蓉觉得那男生背叛了自己,生气得不上学,也不回家。

∷ 送给青春期女孩的话 ∷

心理医生说,青春期女孩子出现这样病例的很多,只是轻重不同而已。而直到女孩子正式开始心理治疗之后,她还偷偷地告诉医生"我坚信他一直喜欢着我,我把他当成自己唯一喜欢的人",但这一切,那位男生并不知情。而给女孩子诊断的医生这样说:"这是明显的钟情妄想症,是青春期女孩子很容易发的症状,这种症状的特点就是确认有异性喜欢自己,而且把这位异性当成自己的唯一,甚至,对方不能与其他人交往。这个女孩子在与那男生交往的时候,还经常想象着与他一起私奔。她羞于向男生表达,困在心里,

精神受到打击后已经有精神分裂的症状。"

在青春期，女孩子性心理开始成熟，思想活跃，尤其对异性更加敏感。有的女孩子知道自己心仪的异性并不喜欢自己，但耳朵里却经常出现幻听的现象，她不希望对方再喜欢其他人。面对青春期苦涩的"单恋"，许多女孩子能够正常处理：有的女孩子把好感深埋在心底，有的则上前表白，遭到拒绝后平静下来；有的发现自己喜欢的异性"喜欢"其他人之后，反而努力学习，把这种感情挫折当作自己学习的动力。而少部分的孩子则跟案例中的女孩子一样，患上了钟情妄想症。

1. 正确看待"单恋"

进入青春期的女孩子，对异性存有好感，这是正常的心理现象，是生理和心理发育的结果。如果某个异性同学表现很优秀，引起你更多的注意和好感，这说明你是一个追求成功的女孩子。你对异性怀有单方面的好感，这并没有错，但错在你自己没有把握好度，过了这个度，你就会想入非非，自寻烦恼了。如果你觉得对方很优秀，那么，你更应该珍惜时间，努力学习，让自己变得跟他一样优秀。

2. 为什么会陷入单恋

感觉只是人们认知客观事物中的一种初级形式，它所反映的只是事物的个别属性，有时往往对事物产生不正确的反映。对此，你喜欢对方的哪些方面，了解自己为什么陷入单恋。而且，孩子，你这种产生在感觉基础上的爱恋只是一种感觉，并不是真正的爱情，不要过分相信自己的感觉，免得作茧自缚。

正确对待青春期的懵懂情愫

恋爱学习两不误？

晓晓今年16岁，刚刚上高一，她从小学到初中都是优秀学生，现在也是班里的前几名。但是，前不久，晓晓开始变得喜欢打扮自己了，穿衣服也讲时髦了，越来越讲究了。结果，成绩直线下降。期中考试的时候，她在班里排名还不错，但是，到了高一期末考试的时候，就出现一门功课不及格了。而其余的几门功课都是六七十分，妈妈到学校询问女儿的学习情况，老师反映说，孩子有早恋现象，她跟男同学走得很近。

据说，跟她恋爱的男同学是他们班里的团支部书记，两人都很优秀。在学校，老师也没办法，现在，两个人的成绩全部下降了。妈妈很担心，对晓晓责令："不许跟那个男生联系了，你看你学习成绩都下降了。"晓晓却反驳："我们其实在学习上可以互相帮助，在感情上可以互相依靠，我觉得没什么不好，这不恋爱学习两不误嘛。"

∷送给青春期女孩的话∷

在青春期，大多数女孩子都会陷入对异性的眷恋期，但是，这会不会成为影响学习的早恋行为，这是另外一回事。在上面这个案例中，涉及"早恋到底影不影响孩子的学习呢"这一问题。对于这个问题，众说纷纭，褒贬不一。一位心理学家表露了自己的观点："对于'早恋影响学习'这个说法，我一直持怀疑态度。可能许多中国父母不知道，在西方国家根本没有早恋的说法。相反，在中学时期，老师和父母都非常鼓励异性之间的交往，甚至，在美国男孩子很早就接受如何追求女孩的训练，而女孩同样很早就学习如何

吸引男孩……"

当然，恋爱是需要时间的，就好像一个人喜欢下象棋一样，如果孩子总是沉溺于象棋，那么，他的学习肯定会受到影响。不过，早恋带来的"副作用"跟早恋遭受中国父母的普遍反对也很有关系。

一位正在上大学的中国女孩子也表示："不一定，也可以有好的影响，我有亲身经历，彼此之间可以互相鼓励，约定一起考取什么好的学校，平时考试之后互相帮忙看是哪里错了，帮助纠正，学习中不懂的地方可以互相探讨研究，这可以让枯燥的学习生活更加有趣，减轻厌学情绪。即使最后没能在一起，但也可以是美好的回忆。"

1. 什么是真正的喜欢

孩子，你到底喜欢对方的什么呢？是漂亮的外表还是甜美的笑容？是活泼的个性还是善良的心灵？是优雅的举止还是优异的成绩？如果你仅仅是因为对方的外表而喜欢他，那说明你这样的喜欢只是一种好感，而不是真正的喜欢。当你在青春期，只是出于对异性的一种好奇，所以萌发出懵懂的情愫，这是理所当然的。

父母告诉你，真正的喜欢是并不是来自外表，而是内心的东西，或许是他的善良，或许是他的善解人意的个性，或许是他的朴实。另外，喜欢一个人是会接受他的全部，假如当你喜欢的男孩子无意之间在你面前做出了失礼的动作，相信你对他的好感一定会有所消减，甚至觉得他是个行为粗鲁的男孩，因而你这样的好感并不是一种真正的喜欢。所以，以你们现在的年龄，有喜欢的心理是正常的，但是这样的喜欢需要自己去克制，因为你们都在不断地成长，不断地蜕变，还有更美好的前途等着你们，这个时期是不适合早恋的，这只会影响到你们的学习。

2. 坦然与对方相处

有时候，你可能无法克制自己的情感，那么你不妨换一种方式，大方自然地和他相处，与他做朋友。在学习上互相帮助，在生活上互相关心，甚至你可以带着他和父母吃一顿饭，父母会理解你们之间的友谊。等到你们过了这段美好的年龄，也许你们心里的想法已经有所改变，那时候你们已经是交情甚好的朋友了。

如果你比较羞涩，那么不妨把这样美好的感觉藏在心里，把喜欢转换成一种动力，好好学习，男孩子不喜欢那种学习成绩糟糕的女孩。等到你有了优异的成绩，拿到了大学通知书，你再把这份埋藏在心底的感情告诉对方，那时候无论情况是怎么样的，父母都会给予你最好的祝福。孩子，青春期是美好的，但是更加美好的前途在等着你们，所以不要磨蹭，赶快向未来冲刺吧！

3.努力将"早恋"转化为互相帮助

假如女孩早恋了，而且对方是一位很优秀的男孩子。那么，女孩应该明白且不管以后两个人的关系如何发展，至少应该使双方都成为全面发展的好学生。如果你们有感情互相理解的话，把这种互相理解转变成为互相帮助、互相鞭策，使自己进入更好的状态。

4.意识到自己的责任

如果早恋让两个孩子的成绩都下降了，那么，这时女孩应知道其中的厉害，选择积极走出早恋。孩子，毕竟现在年纪还小，你的任务是学习，如果因为早恋而耽误了学习，最后，你可能会成为一个无所事事的人，这样一个人能给对方幸福吗？现在他成绩也下降了，你觉得这样对他好吗？你现在应该好好学习，等你长大了，有能力，再来承担那份责任，好吗？

喜欢上英俊的男老师怎么办

他就是我心中的男神

娜娜最近特别不对劲，吃了饭就跑进自己的房间，有时还会把门也反锁了。经常是夜深了，她房间里的灯还亮着。等到妈妈问娜娜时，娜娜就

理直气壮地说:"我在看书啊,做功课啊,你怀疑什么?以前我不主动学习,你也着急,现在我自己知道学习了,你也着急,妈妈你到底怎么了?"看书?做功课?妈妈有些怀疑。

有一次,妈妈无意中发现娜娜的门没锁,打算进去查看查看,一探究竟。结果发现了女儿的一个日记本,只见日记本上写着这样一些话:"这学期我们换英语老师,他是刚刚大学毕业的帅小子,看起来非常阳光,就好像林志颖一样,我非常喜欢,他简直就是我心中的男神,那些什么都教授简直弱爆了,为什么我会那么幸运,遇到他呢,男神……"、"今天英语老师亲自给我讲解习题,他离我是那么近,近到我可以闻到他身上的古龙香水味……"、"今天晚上我又梦见英语老师了,梦见我们一起逛街,一起看电影,我觉得好幸福……"

::送给青春期女孩的话::

针对这样特殊的女孩子喜欢男老师的情况,心理学家分析认为:"造成女孩子迷恋男老师的最主要原因,还是父母和女儿之间缺乏必要的信任和交流。"有可能是妈妈和女儿长期缺乏交流,而这种缺乏导致了父母和孩子之间的信任的缺乏。妈妈因为和女儿不沟通,所以对于女儿的情感萌发表现得相当茫然。

1. 为什么会喜欢男老师

为什么女孩子喜欢男老师呢?实际上在青春期,许多女孩子经常把某个老师形象当成自己的梦中理想对象,甚至把男老师对自己的关心当成是爱慕的理由。女孩子正处于青春期,正好是情感空间开放的时期,对异性格外关注。青春期是特殊的时期,每个女孩子都会经历这个时期,每个女孩子都有自己爱慕的对象,这是许多女孩子情窦初开的原因。在学校圈子比较窄,学习、吃饭、运动成为大部分女孩子的生活轨迹,在这样单调的生活圈子里,女生每天所见到的异性就是男老师和男同学。

而男老师成熟、沉稳,尤其是一些风度翩翩的年轻男老师,更是赢得了女孩子的青睐。有可能是由于女孩子潜意识渴望得到父母的关爱，把对父母的期望转移到了爱护自己的老师身上，并且对老师产生了很强的依赖。

2. 女孩青春期的生理特点

女孩正处于青春期，对这个时期，生理发展较快，心理发育跟不上生理的发展速度，生理上的成熟让她觉得自己长大了，对异性开始产生好感，愿意与异性接触，想引起异性的注意，这些都是正常的心理现象。

3. 女孩需要理清对男老师的情感

青春期女孩暗恋男老师会影响学习，而且极容易陷入早恋的沼泽。实际上，孩子，对男老师的情感是一种崇拜的感情，而非异性之间的感情。假如女孩对男老师确实是出于异性的感情，女孩也需要慢慢梳理这份感情，这是没有任何结果的，你现在需要做的就是努力学习，这样才对得起老师对你的悉心教导。

4. 与老师有一个正常交往的限度

青春期女孩暗恋老师，有一看到老师就脸红的感觉。针对这种情况，心理咨询师建议青春期女孩了解自己的特点和相关知识，必要时可向心理咨询师进行求助。同时也可以通过老师、异性朋友都参加的集体活动，通过活动中的正常交往，将师生关系正常化。

第7章

别让性靠得太近，保护自己不受伤害

一旦进入青春期，孩子的身体每天都会有新的变化，那是因为身体的每个部分都在发育、成长。而与此同时，作为青春期的女孩子，应该打好一场青春保卫战，在青春期这个身体发育最敏感的时期，了解性知识，保护好自己的身体，以健康的身心顺利度过青涩的青春期。

如何保护自己免遭性侵害

花季少女如何遭此厄运？

一位女孩正在上体育课时却晕倒，频繁抽搐，同学以为中暑了。但送到医院却发现是产前子痫，母胎均受到最严重的威胁。医生询问女孩："谁是婴儿父亲？"女孩回答说："强奸的。"医生问："为什么不做人流手术？"女孩回答说："以前不知道，知道以后每天蹦蹦跳跳，可就是不流产。"医生再问："难道你父母，身边的同学都不知道你怀孕了吗？"女孩狡黠地回答："我故意穿宽松衣服，用皮带勒紧腹部，同时节食。"医生终于明白了，女孩之所以会演变为现在产前子痫，是由于长时间的紧张精神和营养不良，同时缺乏医疗帮助的结果。

送给青春期女孩的话

女孩如此漂亮美丽，本是做梦花季，却如何遭此厄运？此前多个环节，好长时间采取措施都能完全避免的悲剧，为何却最终发生？当事人，学校还有父母为什么都没有尽早发现少女怀孕，采取补救措施，而是任其继续妊娠？该女孩马上将面临着与其年龄并不相符的责任与困难，她能胜任吗？

诸如上述案例的情况，在现实生活中存在着不少。尽管其他方面的原因也有，但最关键的还在于青春期女孩不懂得保护自己，缺乏正确的人生观，放纵自己，做事不计后果，以及过分相信现代医学。少女缺乏基本生理常识，没有做好防范措施，意外怀孕随之增高。

从生理角度，少女的子宫还没发育成熟，一旦进行人流手术，她们的子宫受到的伤害往往比成年女性更大，尤其是学生，为了躲避熟人，选择没有资质的小诊所，手术后感染的情况很容易发生。而且又担心惊动学校，不敢请假，术后一周的休息期得不到保障，对身体恢复很不利，造成的伤害难以逆转。

1. 约法三章

自然，我们作为父母不可能将你长时间地关在家里，过多的限制往往会引起你的反抗。即便我们试图通过禁止你与异性往来防止性问题的出现，其实这是不恰当的。对此，我们建议与你约法三章：家里没有父母时，不能把异性朋友带回家；舞会应有大人陪伴参加；在舞会场所不喝酒等有刺激性的饮料，以防不测。

2. 明白什么是性侵

青春期女孩应懂得什么是性侵犯和受到性侵犯应该怎么办，需要明白，自己的身体任何人都无权抚摸或伤害，受到侵犯应该向信赖的成年人和警察求助。

3. 尽量避免一个人外出

女孩子外出，应了解环境，尽可能在安全路线行走，避开荒僻和陌生的地方。晚上尽量不要单独外出，应结伴而行，衣着不可过分暴露，不要过于打扮，切忌轻浮张扬。尤其是年纪较小的女孩子，可以要求父母接送。

4. 女孩外出必须记住的问题

女孩外出，随时与父母联系，未经父母许可，不可在别人家夜宿；应避免单独和男孩子在家里或安静、封闭的环境中会面，特别是到男孩子的家里去；在外不可随便享用陌生人给的饮料或食物，谨防有麻醉药物；拒绝男子提供的色情影视录像和书刊图片，预防对方图谋不轨。

5. 独自在家更需要注意安全

女孩一个人在家，注意关门，拒绝陌生人进屋。若对方自称是服务维修的人员，也告知对方等父母回来再说。晚上单独在家睡觉，假如感觉屋里有响声，不要束手无策，更不要钻进被窝，而是开灯尖叫求救。假如受到了性侵害，需要尽快告诉父母或报警，切不可害羞、胆怯延误时间丧失证据，会

让罪犯逍遥法外。

6.树立正确的人生观和价值观

青春期女孩要洁身自爱，树立正确的人生观和价值观，不要放纵自己的情欲。当异性提出这类语言挑逗时，要及时转换话题，学会拒绝，必要时可通过接吻拥抱来释放能量。

青春期女孩，需要了解避孕知识

如何避孕

9月26日是世界避孕日，北京某医院计划生育科主任陈女士却透露，她遇到的做人工流产手术年龄最小的女孩只有12岁；曾经有一天做了5台手术，上手术台的女孩都不到20岁，简直就是少女专场。曾经有一个14岁的中学生，怀孕后自己偷偷进行药流，结果流产没成功，等到怀孕四五个月的时候，妈妈才发现。到了医院只能做引产手术，对身体的伤害很大。

∷ 送给青春期女孩的话 ∷

少年型的性行为对少女的直接后果是导致怀孕，未婚少女人工流产已成为一个社会问题。1990年有家杂志报道了一则令人痛心的消息，一个少女一年内人工流产四次，第四次因子宫刮得太薄，大出血，死在手术台上。目前青少年非婚的性行为日益增多，尽管社会采取了一些教育措施，但收效甚微，既然对非婚的性行为难以控制，与其让生殖机能刚刚发育的少女，一而再，再而三地被迫人流，伤害身体，还不如教会其避孕的方法，使她们懂得怎样保护自己。

随着人们思想观念的改变，现在发生婚前性行为的现象越来越普遍，且发生初次性行为的年龄也越来越小。但是由于对避孕知识的缺乏，不少少女都不懂得该如何保护自己，在性生活的时候没有采用避孕措施，使自己意外怀孕，给女孩的身心带来双重的伤害。为了避免这些情况的发生，青春期女孩有必要了解一些避孕知识。

曾经有专家提出"家长要在孩子的书包里放避孕套"的观念，且不论这种观点是对是错，但可见父母对孩子性行为后果之担忧。避孕方式选择不恰当，最大的麻烦就是避孕失败，失败只好选择流产，这对年轻女孩健康影响非常大，不仅引起不孕，还会对其子宫有影响等。

1. 避免产生性行为

避孕知识的教育是为了弥补性行为产生的严重后果，青春期女孩必须明白，青春期是不可以产生性行为的。由于早期性行为有很大的危害，应避免杜绝此类事情的发生。当然，假如意外地发生了性行为，那就需要懂得一些必要的避孕知识。

2. 避孕套是避孕的最佳选择

曾有机构对20岁左右的大学生做了一次随机调查，问及"你知道有哪几种避孕方法时"，回答得最多的答案是避孕套，另一个就是紧急避孕药。16岁以下青少年处于特殊的人生阶段，各方面发育不完全，不宜用内服避孕药，避孕套是最佳选择。

3. 了解一些避孕套的知识

也许，青春期女孩对避孕套还很羞涩，除了在老师、书本那里了解到的有限知识以外，似乎对它相当陌生。作为青春期女孩，即将成为一个成年女性，无可避免地会接触到与性有关的活动，甚至可能会产生性行为，那么对于这样一个危险的行为，避孕套能够对双方起到一个保护的作用。因此，女孩应该了解避孕套的知识，以免自己使用不当而给自己身心带来伤害。

青春期解惑——什么是自慰

我只是好奇

王女士是百货商店的售货员，去年离婚后与12岁的女儿一起生活。因为工作地点离家很远，几天前，王女士因身体不适提前回家，意外地发现女儿在她的床上手淫，这件事令她吃惊。虽然，女儿较早熟，身体也发育得相当丰满，但小小年纪就如此，长大了岂不更糟糕？在王女士的严厉盘问下，她承认几个月前就开始这样做了，她应该怎样对待这件事？

∷送给青春期女孩的话∷

自慰，过去称为手淫，这是青少年性行为的一种，女孩也不例外。首先是受到外界的影响。青春期女孩都有好奇心，一些黄色书刊、影视中常有男搂女抱、同床共枕的镜头，挑逗性质的对白以及性描写和带有更强刺激的裸体镜头。有的因住房条件差、多人拥挤于一室，未婚女子受到一些耳濡目染的刺激。所有这些，都能使缺乏识别能力和自控能力的女性想入非非，激起性欲，因为欲望和好奇心理拨弄性器官，致使养成了手淫习惯。性欲是人的本能之一，当孩子还在吃奶时，就会抓摸自己的生殖器，并体会到一种舒服的感觉。婴儿的手淫就来自于这种偶然的自我探索。

到了青春发育期，由于有了性的冲动，青春期女孩手淫消除由于性冲动而引起的情绪紧张，使身体恢复平静的机理。尽管青春期女孩的性机能已经发育成熟，但社会的法律、道德是不允许他们去进行性爱尝试的，因此，手淫是提供他们获得性满足的常用方法。女性对手淫的焦虑则来自对引起月经不调、痛经、不育等恐惧。也有的是因为月经期间，由于不注意阴部的清洁卫生，或因白带、阴部炎症的刺激，使阴部发痒而引起手淫。

现在由于电影、电视、报纸、杂志，特别是一些网吧和色情作品的诱导，使一些青春期女孩看了以后，引起性冲动，学会了自慰。当然，第一次获得了快感，就想第二次。虽然青春期女孩到了青春期偶尔有一次自慰，发泄一下，是正常现象。但是也有不少女孩子染上手淫习惯，大多数人难以自拔，有的人甚至天天手淫，寻求快感，这样既损伤身体，又摧残心灵，有损身心健康。

1. 什么是自慰

自慰，过去称为手淫。自慰是从儿童期就存在的行为，多是由于无意识地偶尔玩弄生殖器、穿紧身裤、爬杆等活动时，因为摩擦使生殖器受到刺激并引起快感，一般并没有性高潮。当女孩到了青春期后，由于体内的生理变化，性激素增加，由此产生性冲动和性欲，对性问题满怀憧憬、好奇、幻想。作为一种本能，他们会在性生理和性心理的驱使下开始有意识地自慰。

2. 正确面对自慰现象

作为一个青春期女孩，首先应该对自慰有正确的认识，自慰并不是一种病态，适当的自慰不但不会影响身心健康，反而有益。这是因为正常的性欲是人类繁衍后代最基本的要求，是很正常的现象。而自慰不会传染任何性病，也不会涉及他人，或卷入感情纠葛，也不会导致性攻击甚至性犯罪的发生，所以是一种合理的释放性欲的方式。但是，过度的自慰会影响到青春期女孩的身心健康。过度手淫就属于一种心理障碍，并且会严重影响身体健康，造成一些泌尿生殖系疾病、性神经衰弱等。

3. 如何应对自慰现象

青春期女孩子平时需要注意生活规律与生活调节：避免穿着太紧衣裤，按时睡眠，睡觉时被褥不要过暖过重；养成良好的卫生习惯，经常清洗；经常参加社交活动，增加对其他活动的热情和兴趣；另外，适当接受性心理和生理卫生的教育，掌握有关性的基本知识，排除对自慰有害的错误认识，能

够正确地处理性紧张与性冲动。

可以主要从以下几个方面去做：勉励自己，自慰在适当控制后，将能改善自己的身心健康；循序渐进，逐渐减少次数；少看有色情内容的书籍、影片，减少对性的刺激；多做有益身心的活动，分散注意力，调节生活压力；必要时可以找心理师咨询。

4. 平时多参加活动

青春期女孩多参加运动和培养多方面娱乐兴趣，比如唱歌等，需要注意的是，不要感觉自己是勉强去参加这些活动，而是真正地乐在其中。必要时可以要求父母与自己一起参加，这样容易找到归属感。

青春期解惑——什么是性幻想

我是坏孩子吗

安安13岁，对性知识挺好奇的。有一次午休，她在一本杂志上看到一幅小画，正面是女人的裸体，连胸部和下体都画出来了，背面是女人整个背部，一个男子手里拿了一个尖东西正对着女人的臀部。

她一下子就惊呆了，马上将视线移开，不过内心一股强烈的欲望又促使她再次看了过去。安安一边看，不禁觉得面红耳赤。恰在这时，上课铃声响了，那节课安安什么也没有听进去，脑海里始终浮现着那书里的画面，她看着台上的老师，心里有点着急，忍不住掐自己的大腿，让自己的思绪回到书本上来，可还是忍不住去想。

之后的几天里，安安在写作业或者睡觉前总是忍不住会想起男女之间的事情，等自己回过神来又觉得自己太不应该了。就这样反反复复，把自己搞得很紧张，晚上经常失眠，白天精神也不那么好了，学习效率也有所下降。

安安觉得已经难以控制自己了,她有时候狠狠地打自己,恨自己已经变成一个坏孩子了。

:: 送给青春期女孩的话 ::

一个女孩子呆坐在沙发上,或躺在床上,或在课堂上走神……青春期女孩子就这样开始了自己的性幻想。孩子幻想中的异性或许是孩子的同学、亲属、邻居、某个明星人物、根本不认识的陌生人,而网络、电视、电影、小说、广告、画报中的性信息会反映在孩子的性幻想中。

性幻想又称为"性想象",是一种含有性内容的虚构想象。性幻想是普遍存在的,而青春期又是性幻想的活跃时期。对青春期女孩子来说,性幻想的产生是性发展成熟的自然表现。进入青春期,由于生理发展,性发育成熟,性激素达到一定程度,性欲使人自然地萌发各种性想象。对性的好奇和追求使得青春期女孩对异性的爱慕十分强烈,但这种性冲动无法通过其他性行为来释放,这样便把自己曾在书籍、影视及网络中所看到的两性镜头,经过大脑重新组合、加工,编成自己参与的性过程。可见,性幻想是青春期性本能的发泄形式之一。

虽然我们可以理解为青春期女孩的性幻想是正常的,但是却有许多女孩子为此而困扰,甚至出现严重的心理问题。一些青春期女孩都会害羞于自己的性本能,觉得性幻想是肮脏的事情,害怕自己会因此而变坏,于是对自己的性本能过分地压抑,最终导致一些或轻或重的心理问题,有些甚至导致心理疾病。像这样的状况主要是由于青春期女孩对性的恐惧,他们一方面是受到旧的文化观念的影响;另一方面,缺乏对性的科学认知。所以,如何来解决青春期女孩因性幻想而带来的心理困扰,就必须让青春期女孩正确认识性幻想,并能恰当地处理自己的胡思乱想。

1. 懂得一定的性教育

青春期女孩应学会控制感情,明白性行为可能招致的后果,避免发生性行为。从而提高女孩对正确的性态度和正确的性行为的认知,让他们懂得性

行为道德规范和自我控制的意义。

2. 懂得控制自己的情感

青春期女孩了解一些性的科学知识，性本能释放的大部分能量可以转化或升华为学习和工作目标，可以用来改善自己的生活，而性幻想是性本能释放的形式之一；与异性接触中，应自然、坦率、友好地交往；不要看有色情内容的视频；多参加些文娱和体育活动，使充沛的精力得到有益的释放；由于青春期女孩涉世不深，辨别能力弱，容易受社会环境的影响，因此择友时应谨慎。

3. 正确面对性幻想

性幻想出现时，青春期女孩可以对自己暗暗地说："处于青春期的我，有这样的想法很正常。下面我要认真地看书。"不要过分地纠缠于自己的性幻想，不过分否定也不过分沉溺，有适当的自我控制而不过分抑制，从而减轻性幻想对自己生活的影响。

青春期解惑——如何应对性冲动

我好像控制不住自己

晚上10点，15岁的姗姗气喘吁吁地跑进门，坐在客厅的妈妈看见女儿满脸通红，问道："姗姗，怎么了？出什么事情了吗？"姗姗闪烁其词，慌忙应答着："没事，妈妈，我跑步回来的。"说完，就躲回自己的卧室。

姗姗赶紧将门锁好，背靠着门，手指颤动着抚摸着自己的嘴唇，脑海里回忆着刚才那一幕：今天班里聚会，姗姗在同学们的怂恿下喝了一小口酒，马上觉得兴奋起来，又唱又跳。到聚餐结束时，副班长小军主动提出送姗姗回家，于是姗姗就跟着小军走了一路。

姗姗走路东倒西歪，小军不得不拉着她的手，这时一辆车子疾驰而过，小军急忙拉回姗姗，姗姗身体失去重心，一下扑在小军身上。嗅着小军身上的洗衣粉味道，看着小军英俊的脸庞，姗姗很想吻他。一瞬间，珊珊被自己的想法吓到了，酒也醒了大半，她赶紧缩回自己的手，一路飞奔回家……

∷ 送给青春期女孩的话 ∷

青春期是人生的一个特殊时期，在这个时期里，女孩开始发育、慢慢走向成熟。对于青春期女孩而言，随着生理的成熟，会有一种性爱冲动。不过这时的身体又不具备过性生活的条件，由于许多器官尚未发育完全，若进行性生活，会对健康产生危害。

由于青春期的女孩身心正处于发育阶段，大脑的抑制与兴奋很不平静，容易感情冲动，缺乏自制力，在性爱特征上往往表现出显著的性冲动。假如缺少性的生理知识和道德教育，见识少，经验浅，对于恋爱和性爱关系尚处于似懂非懂的模糊状态，就很容易失足。因此，对于青春期的性冲动一定要有心理准备，让自己顺利度过波动期。

1. 正确认识青春期性冲动

女孩需要从心理上，正确认识青春期的性冲动。青春期的孩子具有一定程度的性冲动是正常现象，当女孩进入青春期，基于生理原因，体内会产生原生态的性冲动，而伴随着这纯天然冲动而来的，还有强烈的性渴望和性幻想。

2. 主动汲取性知识，了解自我

青春期女孩可以毫不羞涩地了解有关的性爱知识，大方地看一些这方面的书籍，或许向父母、老师以及朋友敞开心扉，将自己隐秘的体验告诉他们，从他们那里获得知识。女孩一旦有了一般的性知识作为基础，才会正确理解正在发育成熟的性生理和性心理变化，才不会为正常的性冲动而感到迷惘、苦闷。

3. 努力学习，远离早恋

女孩到了青春期，大多数都会产生正常的性爱欲望，只是强弱程度不同而已。不过性生理与性心理不是同时成熟的，前者远远早于后者。所以，早

恋对于性心理尚未成熟的女孩是极不合适的。而且，青春期正是人生中精力旺盛，记忆力最强的时期，正处于求知欲旺盛的阶段，若陷入早恋，不但学习会分心，耽误人生这一求学的黄金时段，而且身心也会遭受严重伤害。

4. 与异性大方相处

难道为了避免触电，就不与男同学交往？当然不是，与异性分隔越远、越疏远，他们对于性爱的问题就越神秘、越紧张、越过敏。若与异性缺乏正常交往的女孩，一旦接触异性，反而容易对性过于敏感，甚至开始胡思乱想。如果你心中已经对异性产生歧视、恐惧，那就更需要注意与异性之间的正常交往。只要自己思想纯正，态度就会显得自然，也不会让对方有什么疑虑和不安。

5. 提高自制力

青春期是女孩天真烂漫的年龄，也是一个危险的年龄。不过只要加强自身道德修养，注重陶冶自己的情操，集中精力学习，正确对待性冲动，并对青春期放纵所产生的严重后果有比较清醒的认识，那就会用较强的意志力控制自己的性冲动，以科学的方法及时疏导，安全度过这一敏感时期。

6. 通过运动宣泄能量

青春期的女孩精力比较旺盛，若将过剩的精力宣泄出来，也会减少性冲动，而运动就是宣泄能量的最佳方法。女孩在出现性冲动时，可以到外面跑跑步、打打球、冲个冷水澡，或干些体力活，通过脑、体、心的全方面转移。

7. 使用移情大法

有时女孩产生性冲动，主要是由于跟异性相处引起的。假如双方正在谈论暧昧的话题，对方或自己有了性冲动，这时可将话题的方向转移到学习这样健康的内容上来。由于语言内容的变化，兴奋的心情也会压抑回去。

8. 转换环境

事实上，有一些不安全的环境会让青春期女孩更容易产生性冲动，特别是在浪漫的环境中，一些特定的环境容易营造出暧昧的氛围。比如在公园散步时由于灯光暗淡而引起性冲动的产生，这时女孩可主动提出到光亮或人多的地方，或找借口离开，这样就促使对方控制住自己的冲动。

9.尽可能不要与异性单独相处

青春期女孩产生性冲动,可能很多时候是单独与异性相处导致的,特别是对方还是你喜欢的对象时,那就更容易产生性冲动了。对于青春期少女而言,应该尽可能避免单独跟异性相处。

青春期解惑——什么是性行为

看黄色书籍也算性行为吗

当上课铃响了,音乐老师也来了,这节课他开始讲一些乐谱的知识,在他的轻松引领下,同学们早已经遨游在音乐的殿堂里面。可不料音乐老师一边讲着,一边走到了后排,他慢慢地走到了一位男同学的位置边上,轻声地问:"在看什么书,看得这么入迷?"说完,不等那位男同学反应过来,他已经抽出了那隐藏在抽屉里的书,而那位男同学倒是坦然自若。

音乐老师打开书本,撇了撇嘴,把书放在自己的手里:"今天我先没收了你的书籍,下次不能在课堂上看闲书哦。"那位男生点点头。等到下课以后,音乐老师走了过来,他对几位男生轻声说道:"同学们,要注意你们的身心健康,知道吗?阅读这些书籍也是一种性行为。"坐在附近的丹丹无意中听到了,十分惊讶。什么?看那种书籍也是性行为?

:: 送给青春期女孩的话 ::

有的青春期女孩认为看一些黄色书籍、电影,或者男女之间的拥抱、亲吻都不算是性行为,其实,这都是片面的看法。作为一个青春期的女孩子,应该理解什么样的行为是性行为,这样才会有准备地远离那些危害身心的书籍电影,做一个健康的美少女。

性行为是指旨在满足性欲和获得性快感而出现的动作和活动。并不像很多人片面地认为只有性器官的结合才是性行为，这样的看法是狭隘的，它只是包含了性行为的一部分。性行为并不只意味着性交，观看异性的容姿、裸体、电视的色情节目、接吻、手淫，阅读色情小说等，都是地地道道的性行为。所以，当你在了解这样一些知识之后，就要远离那些色情小说、色情电影，在与异性之间也不要有拥抱、亲吻这样的行为，因为青春期是不可以有性行为的。

另外，性行为的含义比较多，一般说来它包括以下几种：

（1）目的性性行为，这就是性交，性交是性行为的直接目的和最高体现，当人们在性交之后，就满足了性的要求。

（2）过程性性行为，这是性交前的准备行为，如接吻、爱抚等动作，这些动作的目的，是为了激发性欲，实行性交。性交后还要通过这样一些动作，使性欲逐渐消退，作为尾声，这也属于过程性性行为。

（3）边缘性性行为，这种性行为的范围就比较广泛了。它的目的是为了表示爱慕，或者仅仅是爱慕之心的自然流露，而不是为了性交。边缘性性行为有时很隐晦，它可以表现为眉目传情，表现为一丝微笑，这眼神、这微笑有时只有两个人感觉到。

当然，像某些西方国家，把拥抱、亲吻作为一般见面的礼仪，那就与性行为完全无关。

宝宝是如何来到这个世界的

新生命的诞生

表姐快生小孩了，然然跟着妈妈一起过去看她，只见表姐腰身很粗，肚子大得快走不动了，然然想起来表姐才结婚那会，苗条靓丽的身材，一年没见就变得这么臃肿了，心里不禁想着女人真是受罪。

第二天早上，表姐就喊着肚子疼，然然随着妈妈一起到了医院，表姐被推进了妇产科。几岁的小表妹在旁边嘀咕："我以前也在妈妈的肚子里吗？"她妈妈笑着说："是啊，你小时候也是在妈妈的肚子里的。"小表妹眨着大眼睛："那后来是妈妈拿刀把肚子切开的吗？"小表妹的妈妈就是然然的小姨，她当初生孩子是顺产，就很自然地说："没有用刀。"小表妹狐疑了半天，没有声音，过了一会，小表妹总算冒出一句："妈妈生我的时候，是袜子和鞋子都脱掉的吗？"在场的人都笑了起来，然然也笑了起来。只是，宝宝是怎么来到这个世界的，好像自己也搞不清楚。

∷ 送给青春期女孩的话 ∷

当自己成长得越来越快，感悟到生命的美好的时候，就不能不想起孕育自己的妈妈。对于一个女孩子来说，也许在小时候也有过千百种自己是从哪里来的幻想，但随着年龄的增大，会明白自己是妈妈辛苦十月怀胎生出来的。那么，妈妈肚子里的宝宝又是怎么来的呢？是不是所有的性行为都会诞生出宝宝呢？这就涉及很多的生理方面的知识，下面我们就来具体地讲述一个新生命是怎么诞生的。

1. 精子与卵子结合为一个新生命

一个新生命的诞生，其实是精子与卵子结合的产物；精子是男性的生殖细胞，精子发生在睾丸曲细精管，在附睾中发育成熟，一共需要 3 个月时间；卵子是女性的生殖细胞，卵子的生产基地在女性的卵巢内，一般每月只有一个卵细胞成熟，并自卵巢排出，称之为排卵，卵子排出后会由输卵管伞端接住或拾起，运送到输卵管壶腹部。

2. 受孕过程

当夫妇性交时，男子一次排出的精液约 2~6ml，内含精子约 4 千万至 2 亿个，但受阴道内酸碱度等因素的影响及路程较长的缘故，大部分精子能量

逐渐被消耗，能达到输卵管壶腹部与卵子相会的一般不超过200个。这些精子包围着一个卵子，但当其中一个精子进入卵子后，就形成一个受精卵或孕卵，其他精子则不能再进入。受精卵随着输卵管的蠕动将移向子宫，并植入子宫内膜，在子宫内膜继续发育，这个过程就叫作受孕。

3. 胎儿的形成

受孕成功之后，它会经过胚种阶段、胚胎阶段之后，成为一个胎儿。在胎儿阶段，小家伙开始了某些小特征，如手指，指甲，眼睑，眉毛等的发展过程；再过一段时间，胎儿已能同时移动它的头，腿和脚了；第4或5个月，母亲可以感受到胎儿的振动，或在她子宫中的移动；到第7个月时，胎儿会哭喊、呼吸、吞咽、消化、排泄、移动等，还能吸吮他自己的拇指；第8个月时，胎儿开始长脂肪，它有助于调节出生后的体温。再到"瓜熟蒂落"，一个新的生命便降临人间。

所以，一个新生命的诞生，必须具备三个基本条件：一是男女双方可以产生并排出正常的精子和卵子；二是精子和卵子必须在输卵管内相遇结合并受精，这就要求输卵管必须通畅；三是有良好的适合受精卵生长发育的子宫内环境。

青春期，女孩儿要避免性行为

性行为有危害吗

星期一，乐乐与同学们见证了一堂特殊的青春健康教育课。当主讲老师来到了教室，教室里响起了一阵热烈的掌声。老师先进行了简单的自我介绍，就马上进入了正题。他突然向同学们问道："你们对青春期性行为是怎么看的？我来对在座的同学统计一下。"结果，依据举手表意，大约有40%

的同学反对，大约20%的同学赞同，其余的同学则表示无所谓。老师微笑着，似乎这样的情况早就在自己的预料之中。"知道青春期性行为不对，但如果是自己心仪的男孩子发出的性邀请呢，你怎么对待？"老师把又一个话题抛出，这下，教室里顿时炸开了锅。

尽管同学们的答案五花八门，不过随后老师讲解女孩子流产对身体的损害时，下面所有的同学都在认真听着，现场鸦雀无声，有的同学在得知流产竟有这么巨大的危害时睁大了眼睛，显得很震撼。

:: 送给青春期女孩的话 ::

当女孩步入了青春期，身体特征发生了显著的变化，内心有了某种冲动，有时候会通过杂志、电视等各种渠道获得了一些性知识，也开始有了自慰、浏览一些黄色书籍、黄色网站的性行为。这时候，心中难以浇灭的欲望，不禁会有一种想靠近异性的冲动。其实，这样的心理过程，对于每一个青春期的女孩子来说，都是极为正常的，关键是看你如何控制自己的感情。

青春期正处于机体生长发育的转折点，进入这一时期后，性腺机能发育成熟，男女两性的差异日益明显。同时，性激素分泌的增加，第二性征的出现，促进了青少年性心理效应和随时可能发生的性行为反应。女孩子开始意识到两性的差别和两性之间的关系，在情感上会产生一种接近异性的愿望，随着年龄的增长，她们会不自然地把异性当作自己性幻想的角色之一，甚至想触摸对方的身体。青春期是性发育期，对性充满了好奇和疑惑，与异性朋友发生接吻、抚摸等边缘性性行为可直接促进性行为的发生。

青春期性行为有哪些危害？

1. 导致自己缺乏责任感

如今，青春期发生性行为的现象呈现出日益增加的趋势，对性的心态也越来越大胆。在宽松的社会舆论下，许多青少年开始对性行为变得不在乎，对性也更缺乏责任感。事实上，作为一个青春期女孩子，当你与异性之间发生了性行为，那么你就应该有所担当，需承担一定的责任。但是，对于尚处

在青春期的女孩子来说，自己还是一个依靠父母的孩子，根本不足以承担任何责任，也无法面对性行为发生之后的严重后果。

2. 严重影响学习

青春期过早的性行为会影响到学习，青春期正值学习文化的最佳时期，如果这时候去早恋，去追求所谓的刺激，必然会影响到学习，使自己一事无成。另外，青春期的性行为最大伤害还是女孩，当你与异性之间有了性行为，稍不小心，就会怀孕，到时候只会给自己带来更严重的身心伤害，而这又是无法承担的。所以，你要学会控制自己的感情。

3. 影响未来的婚姻生活

青春期性行为将对今后的恋爱、婚姻及家庭观念产生强烈的冲击，作为每一个青春期女孩子都要引起重视，当你有了性冲动的困扰，不妨运用一些方法来充实自己，转移注意力：积极面对性冲动带来的困扰，调整心态、寻求解决办法，可以求助于老师、家长、书刊、报纸、电台；如果你有自慰的行为，要适当，不可沉迷，也不要因为自责、羞愧而产生罪恶感；积极参加有益的集体活动，通过这些途径释放多余的能量，培养兴趣爱好、丰富业余生活；与异性交往要把握好一个原则，那就是自然适度。

第 8 章

青春期保健，女孩呵护娇弱的身体

青春期是身体发育的重要时期，在这一时期，每一个女孩子都要格外得珍惜自己的身体，爱护自己的身体，这样你才能健康顺利地度过青春期，做健康青春美少女，为未来生活奠定坚实的基础。

认识青春期的几种常见病

身体总不对劲

早上，小娜上学的时候，发现对面走来一个熟悉的身影，好像是丽丽，可是为什么她脸上多了一副眼镜呢。等到走近了，小娜发现那真的是丽丽，丽丽有点不好意思地打招呼："嗨。"一只手不自然地弄了一下眼镜，小娜好奇地看着那边框眼镜，趁丽丽不注意，一手拿下来了，自己也试着戴，那眼镜就像是魔法一般，通过两片薄薄的镜片，把外面的世界看得清晰无比。丽丽无奈地笑道："我眼睛近视了，才配的眼镜，你以为是装饰眼镜呢？我还不想戴眼镜呢，做什么都不方便。"小娜把眼镜还给丽丽，笑着说："我觉得挺好的啊，看起来多淑女，看来又要迷倒一大片男生了。"两人笑着走向了教室。

::送给青春期女孩的话::

青春期，不知不觉你会发现班上的"书生"越来越多了，同学们都陆续地戴上了眼镜，出现一种常见的青春期现象，那就是近视。小时候，总是被教导说"眼睛是心灵的窗户，需要好好保护"，可是在学习的压力之下，以及自己不太注意对眼睛的呵护，偶然一天，你就发现眼睛不知道在什么时候变得模糊不清，甚至连黑板上的字都看不清了。其实，这只是青春期常见的疾病之一，由于正处于青春期的你们，身体正在发育，在饮食或生活上，稍有不注意，就会产生一些常见的疾病，对于青春期女孩子来说，主要有脑炎、近视、白带异常、青春期高血压等疾病。对于这些青春期常见的疾病，如何来预防和治疗呢？

1. 脑炎

脑炎，又称苏联春夏脑炎或称远东脑炎，是由森林脑炎病毒经硬蜱媒介所致自然疫源性急性中枢神经系统传染病。一般来说，野生啮齿动物及鸟类是主要传染源，林区的幼畜及幼兽也可成为传染源，传播途径主要由于硬蜱叮咬。症状主要表现为两个方面：一是全身毒血症状，发热、头痛、身痛、恶心、呕吐、乏力，少数有出血疹及心肌炎表现，热程约 7 ~ 10 天；二是神经系统症状，意识障碍，脑膜刺激征，第 2 病日后，可出现颈肌及肩胛肌弛缓性瘫痪，以致头下垂及手臂不能上举。

2. 近视

近视也就是以视近物清楚，视远物模糊为主要表现的眼病。近视多发生在青春期，遗传因素有一定影响，但其发生和发展，与灯光照明不足，阅读姿势不当，近距离工作较久等有密切关系。大部分近视眼发生在青春期的孩子身上，在发育生长阶段度数逐年加深，到发育成熟以后即不发展或发展缓慢。

3. 痤疮

痤疮是青春期相当普遍的一种皮肤病。由于青春期性腺活动增加，雄性激素分泌增多，促使皮脂腺分泌的皮脂增多，大量的皮脂不能完全排泄出去，积聚在毛囊口，同时毛囊也因性激素影响而多度角化。毛囊脱落的上皮细胞增多和皮脂混合在一起，成为甘酪样物，栓塞在毛囊口。这时若遇到细菌入侵，便会引起毛囊以及毛囊口周围皮肤发炎，在皮肤上形成一颗颗米粒大的疙瘩，其顶端有一黑点，挤压时有乳白色豆渣样物质排出，这就是痤疮。

4. 白带异常

青春期女孩第二性征发育后不久，就会出现阴道和外阴的湿润分泌物，这就是"白带"，白带是女性正常的生理现象。正常白带，量较少，色乳白，似蛋清的黏性液，无臭味。假如青春期的少女白带量过多，常常弄湿裤子而需要护垫，或者白带很臭，外阴奇痒，白带带血，就可能是某些疾病引起的。

5. 痛经

痛经指的是经期前后或行经期间，出现下腹部痉挛性疼痛，且有全身不适，严重影响平时生活。青春期女孩的痛经多属于原发性痛经。由于子宫尚未发育完全，宫颈内口或宫颈管狭窄，子宫位置过度后倾后屈，经血流通不畅，使子宫必须加强收缩才能排除经血，子宫痉挛性收缩，导致组织缺血引起疼痛。在大量经血排出后疼痛就消失，所以痛经大多发生在经期的第一、第二天。

6. 月经不调

大多数青春期女孩的月经周期和血量均不规律，在初潮后的前几年中，月经周期间隔可达两个月或三个月，这是正常的，也不用担心太多。但是，假如间隔时间太久，出现继发性闭经时，就需要求医和寻求帮助。

7. 青春期高血压

除了上述的多种疾病以外，青春期女孩子需要及时预防青春期高血压：了解自己的血压情况，以便及时发现，进一步确诊，并查明原因，及时治疗；在平时的生活中，注意劳逸结合，避免过度疲劳；保持情绪稳定，以免因为情绪波动而影响血压波动；适当锻炼身体，多做一些有益于心脏健康的锻炼，如游泳、跑步等；不吸烟、不酗酒，坚持良好的行为习惯。

镇静对待月经初潮的来临

什么是初潮

楠楠正在上体育课，突然感觉下身有东西渗出，旁边的同学惊讶地喊道："楠楠，你受伤了吗？怎么裤子上有血？"楠楠一阵心慌，竟晕倒了。她醒来时，发现妈妈在身边，耐心地给她讲关于女孩子"初潮"的事情，听妈妈的讲述，楠楠意识到自己是一个大女孩了。

不过第二天痛苦就来了，尽管楠楠按照妈妈的话多喝热水，但肚子还是不听使唤地痛了起来。她只得趴在桌子上，紧皱眉头，还小声地呻吟着，腰都直不起来。楠楠一边抚摸着小腹，一边抱怨：这就是成长的代价吗？

:: 送给青春期女孩的话 ::

青春期的女孩子有了月经初潮这样的生理变化，于是，那位被称为"大姨妈"的就每个月都会光顾她们，而肚子痛则是月经引起的痛经，这是一种正常的生理变化。月经，又称作月经周期，是生理上的循环周期。育龄妇女和灵长类雌性动物，每隔一个月左右，子宫内膜发生一种自主增厚、血管增生、腺体生长分泌以及子宫内膜崩溃脱落并伴随出血的周期性变化。这种周期性阴道排血或子宫出血现象，称月经。

现代女性月经初潮平均在12.5岁。绝经年龄通常在45~55岁之间。女性达到青春期后，在下丘脑促性腺激素释放激素的控制下，垂体前叶分泌刺激素和少量黄体生成素促使卵巢内卵泡发育成熟，并开始分泌雌激素。在雌激素的作用下，子宫骨膜发生增生性变化。卵泡渐趋成熟，雌激素的分泌也逐渐增加，当达到一定浓度时，又通过对下丘脑垂体的正反馈作用，促进垂体前叶增加促性腺激素的分泌，且以增加黄体生成素分泌更为明显，形成黄体生成素释放高峰，它引起成熟的卵泡排卵。

由于黄体分泌大量雌激素和孕激素，血中这两种激素浓度增加，通过负反馈作用抑制下丘脑和垂体，使垂体分泌的卵泡刺激和黄体生成素减少，黄体随之萎缩因而孕激素和雌激素也迅速减少，子宫内膜骤然失去这两种性激素的支持，便崩溃出血，内膜脱落而月经来潮。

月经又称为月事、月水、月信、例假、见红等，因多数人是每月出现1次而称为月经，它是指有规律的、周期性的子宫出血。另外，还有一些对月经的俗称，如坏事儿了、大姨妈、姑妈、好事、倒霉了等。

1. 多注意休息

假如女孩有痛经的症状，应赶快睡到床上，最好是灌一个热水袋放在腹

部，必要的时候可以取止痛药喝下去。自己再用手揉下腹部，这样的情况通常可以缓解月经期的痛经。

2. 正确应对月经

许多女孩子都明白，月经是正常的生理现象而不是病态。不过，却很少有女孩可以用愉快的心情迎接它。孩子们通常会抱怨"倒霉了！烦死啦！"其实，孩子应该将月经看作值得高兴的事情，月经周期规律正常，是一个女孩的福音，是健康和成长的标志。你应该意识到自己将慢慢变成大人，担负起社会责任，多想到责任，不仅可以照顾到自己，还应照顾和体贴他人。同时懂得体谅母亲的辛苦操劳，想到为母亲或朋友分忧解难，以这种责任感的成熟心理面对每月的"好朋友"，会让自己变得自豪而愉快，而且还可以减轻"经期紧张综合征"。

3. 了解经期生理、心理卫生知识

为什么有的女孩在经期出现规律性的症状，心烦意乱，容易生气或比平时更爱哭，孤僻多疑喜欢生气，这与经期人体植物性神经紊乱，造成雌激素的代谢及盐、水代谢紊乱有关。对于这些知识，女孩可以通过母亲去了解一些经期生理、心理卫生知识，明白自己这种周期性的情绪波动，有了心理准备，就会在克制和预防上取得满意的效果，就不会太过于烦恼了。

4. 懂得加强自我保护，注意经期卫生

不食生冷食物，注意保暖，特别是秋冬季节的脚部保暖。避免过度劳累，不下水游泳，上体育课必要时请"例假"，适当休息。假如出现腹部腰部绞痛，洗个热水澡或做一些温和运动，必要时去医院诊治。

5. 正确使用卫生巾

不购买菌群超标的低劣卫生巾，使用时应将底部的胶质贴紧在内裤上，防止身体活动时移位。若经血量多时可再套一条内裤，防止弄脏外裤的尴尬。经期需要经常更换新的卫生巾，避免细菌对外阴部的感染，用过的卫生巾不要随意乱抛，应用卫生纸包好再扔进垃圾桶。

高跟鞋不属于青春期这个年纪

我的高跟鞋梦

晓晓从小就看着妈妈穿着各种漂亮的高跟鞋，出入各种场合。晓晓觉得，高跟鞋就像是魔法师，一瞬间让妈妈变得高挑而美丽，特别富有女人味。晓晓自己也想变得美丽，所以在她七八岁就经常在家里偷偷穿着妈妈的高跟鞋在镜子面前炫耀。这时妈妈总会叹气："这孩子，这么爱美，跟谁学的？"

上了初中，晓晓觉得自己也应该拥有一双高跟鞋了，她跟妈妈说了自己的愿望。妈妈却说："你这个年纪不适合穿高跟鞋，我给你买双皮鞋吧。"晓晓觉得十分沮丧，因为自己跟朋友说了周末穿着高跟鞋出去玩。怎么办呢？周末打算出门的晓晓看到了鞋架上妈妈的高跟鞋，心里有了主意，她穿了一双妈妈的高跟鞋，高高兴兴出门了。

刚开始晓晓觉得特神气，好像自己变得高挑了，身材也苗条了，在朋友面前赚足了面子。不过，回家时晓晓就觉得吃力了，脚痛得挪不开脚步，她索性脱了鞋，赤着脚跑回家。

::送给青春期女孩的话::

自从高跟鞋问世，就一直备受爱美女子的青睐，因为穿上它，不由得就会昂首、挺胸、收腹，尽显女性曲线风采。女孩进入青春期，随着生理和心理的成熟，爱美之心日趋强烈，高跟鞋开始被她们关注，以至于许多青春期女孩都梦想有一双自己的高跟鞋。不过并非每一个女孩都适合穿高跟鞋，特别是20岁以前的青春期女孩更不宜穿高跟鞋。

处于青春期发育阶段的女孩，骨结构中软骨成分较多，骨组织内含水分

和有机物多，无机盐少。骨质柔软，容易变形，若女孩过早地穿高跟鞋会引起骨盆和足部形态发生变化。而骨盆是由骶骨、尾骨、左右髋骨、韧带与关节结合而成的一个骨环，这个骨环的结合过程中通常从7岁开始，到25岁才基本定型。

骨盆是人体传递重力的关键结构，穿平底鞋时，全身重量由全足负担；穿高跟鞋时，全重量主要落在脚掌上，这样就破坏了正常的重力传递负荷线，使骨盆负荷加重，容易引起骨盆口狭窄，给未来的分娩带来困难。

此外，穿高跟鞋还有可能使骨盆发生不容易察觉的转位，影响骨环的正常结合，导致骨盆畸形。足骨的发育成熟大概在15~16岁，而鞋的大小直接影响足骨的生长。过早地穿高跟鞋会使足骨根据高跟鞋的角度完成骨化过程，容易发生趾骨关节变形、趾骨骨折及其他足病，这些病都会引起足部疼痛，严重时可影响行走、活动。

所以，青春期的女孩不宜穿高跟鞋，尤其是那种跟高7~8厘米的超高跟鞋。从生物力学的角度看，平常以穿坡跟鞋或跟高不超过3厘米的鞋为宜。

不要让狐臭成为你交往的屏障

讨厌的味道

小燕原本是一个活泼可爱的女孩子，平时与同学无话不谈，常常与同学一起吃饭、逛街、看电影。不过，自从小燕无意中听到寝室同学的聊天之后就变了："你知道吗？小燕身上有股难闻的味道，熏死人了"、"就是，尤其是夏天，那股味道太大了"、"对啊，还每天凑过来跟我们一起，哎，我都不好意思跟她说你离我远点吧"……

听到这些聊天，小燕觉得非常生气，很想找那些同学大吵一架。不过，想想自己身上的狐臭，她又觉得自卑，既然同学们都发现了，那能怎么办呢？平时她们容忍我在他们身边已经够好了，我还有什么不满足的呢？

不过，小燕性格变得孤僻了，整天闷闷不乐，去哪都是一个人。她经常感觉身边的同学对自己指指点点，捂着鼻子……她一想到这种场景，就觉得受不了。

∷送给青春期女孩的话∷

每个人都会经历青春，青春是繁华的年代，青春期就像一朵含苞欲放的花一般，是女孩一生中最重要的时期，因为它正是决定你一生命运的时刻。但是，如果青春期遭遇狐臭该怎么办呢？

有人身体本身会散发出一种气味，狐臭大部分是在青春期时出现，随着青春期的来临，通常女孩是十一二岁，男孩要晚一些到十三四岁，由于大汗腺的分泌会受荷尔蒙的影响，有狐臭体质的人大多数从青春期之后才开始出现，在进入中老年之后慢慢消失。青春期狐臭的人尽管症状很轻微，不过还是需要慎重对待，因为它带来的危害是巨大的。轻者影响女孩的人际交往，给女孩的生活和学习带来诸多不便和影响；重者影响女孩的身心健康，会给女孩带来无穷无尽的烦恼，朋友圈越来越小，自信心越来越差。

尤其是一些处在青春期生长发育的女孩由于狐臭而导致性格孤僻，不愿与人交往，在性格成长时期形成忧郁的性格，甚至会出现轻生的念头。青春期轻微狐臭的危害也是极大的，所以在对待狐臭上需要认真分析，对症下药。随便地使用一些止汗剂之类的药物根本没有多大的效果，反而会弄巧成拙，加重狐臭的程度。

1. 注意清洁

在青春期女孩要特别注重清洁卫生，经常洗澡，平时勤换衣服，以免身上会发出难闻的味道。平时换洗下来的衣服要及时清洗，不要堆放太久。同时，保持皮肤干燥，保持腋窝、乳房等部位的清洁。

2. 使用肥皂清洗

每天用肥皂水清洗几次，甚至将腋毛剔除，破坏细菌生长环境。可用中性皂清洗大汗腺较集中的地方，养成早晚沐浴的习惯。局部搽冰片、滑石粉、减少汗腺分泌。局部可用 75% 酒精或 0.5% 安多脂 (PVP-I 消毒剂) 杀灭局部细菌。

3. 少吃刺激的食物

平时的生活中尽量不要吃刺激的食物，饮食清淡，多注意休息。保证良好的生活习惯，对于预防青春期狐臭是很有帮助的。

4. 手术治疗

手术治疗是在内窥镜下操作，手术视野放大 500 倍，无残留地清除所有臭汗腺，手术精准、安全可靠治疗效果比较明显，且基本上无明显瘢痕及牵拉感。治疗快，无痛苦，无副作用，不影响工作、学习，随治随走。腋下很小的切口，将腋下汗腺根部破坏，使其丧失分泌功能，治疗后皮肤皱褶自然美观。

怎样处理青春期神经衰弱的情况

心绪不宁

悦悦小升初时以第一名的成绩入校，喜欢玩游戏。结果中考前因紧张焦虑，成绩离重点线差 20 分。上高中以后，开始厌学，当地心理咨询七八次后没效果，上了一学期休学在家，后又两次尝试到校，各上一个月左右的时间，现在一直休学。平时在家里经常难过，感到无力无助，冲动时就摔坏东西，失眠心慌胆小，精力无法集中，无所事事只好打游戏，有时提到不如去死可又不敢。悦悦看到自己现在这样子，真是不知道怎么办才好。

第8章 青春期保健，女孩呵护娇弱的身体

:: 送给青春期女孩的话 ::

现在，许多年纪比较轻的女孩开始出现神经衰弱现象，而她们大多是青春期早期女生。有些女孩由于课业压力，使自己没有得到较好的休息，生物钟紊乱，刺激了女性本来就脆弱的体质；有些女孩作息规律和睡眠习惯的破坏，以及缺乏充分的休息，使紧张和疲劳得不到恢复，最后导致成绩下滑，患上其他的心理疾病。

从年龄上看，青春期的女孩身体变化要大于男性，这种内分泌突然的变化会让女孩感到恐惧，而长期大量的身体不适又加深大脑功能的进一步紊乱，形成一种恶性循环。这让女孩认为自己得了不治之症，将精力、注意力全部集中在病上，陷入无法自拔的境地。

女孩进入青春期后，都会更多地注意自己在别人眼中的形象。青春期的女孩情绪不稳，看问题容易偏执，这使青春期女孩对人与人之间的关系很敏感，尤其是对与自己有关的人际关系更敏感。而女孩自慰多发生在青春期，因为这个时期女子在性器官和第二性征发育的同时，心理上也发生着显著的变化。青春期女孩开始对异性有好感，有性的要求。随着性器官的发育成熟，有了性，从而导致部分女孩出现自慰现象。适度、偶尔、有节制的自慰对身体无害，不过长期的、频繁的、无节制的自慰会损伤身体，影响学习。而且有的女孩在自慰后，容易出现疲劳，表现为注意力不集中，思维迟缓，反应迟钝等现象，若不及时调整，就容易出现神经衰弱。

神经衰弱的青春期女孩主要表现为：一是容易兴奋，对刺激非常敏感，表现为多疑、敏感、偏见、固执、容易激动；二是容易疲劳，尤其是在看书、学习、写作等脑力劳动时更明显，表现为记忆力减退、注意力不集中等。

1. 保持健康的身体

青春期女孩保持健康的身体，加强个人体质锻炼，有利于调节人体各部分器官的生理机能，增进身体健康，保持旺盛精力，提高学习效率。

2. 保持稳定的情绪

女孩平时需要保持稳定的情绪，稳定会使人心境安静，学习和生活之间富有规律。避免情绪大幅度波动，如忽然异常兴奋，忽然愁眉苦脸。而保持情绪稳定，有助于人的心理平衡，长期坚持可以避免神经衰弱疾病的发生。

3. 与同学建立和谐的人际关系

在学校生活中，和谐的人际关系可以消除孤独感，获得安全感。所以在平时的学校生活中，尊重同学，不强加于人；真诚地赞美同学，而不是虚伪地奉承；当与同学发生误会，应宽容大度。同时，要积极参加集体活动，体会生活的乐趣。

4. 改变不良习惯

其实，不良习惯是实施正确行为的障碍，对身心健康有害无益。青春期女孩使自己与不良习惯的环境、条件、来源隔离，严格自我评判，制定新的行为标准。同时加强自我监督，强化良好的行为习惯。

5. 去看心理医生

神经衰弱是困扰青春期女孩的常见病，它危害着女孩的健康，不少失眠症就是由这个病导致的。所以，当反复出现失眠，暂时又找不到引起失眠的原因，甚至出现焦虑烦躁等情绪时，应及时去看心理医生，便于早诊断早治疗。

女孩要养成良好的运动习惯

感冒来袭

最近一个多月，天气都异常寒冷，月月也不再跑出去运动了，整天穿着厚厚的衣服，蜷缩在角落，还浑身直发颤。这些天，她都发觉自己有点感冒的迹象了，也不知道怎么了，以前身体挺好的，抵抗能力也很好，在比这还寒冷的天气都没有感冒过。没想到，这一连下了几天雨，就有点头晕乎乎的，鼻涕也开始流出来了。上课的时候，精神也无法集中，老是想睡觉。

∷ 送给青春期女孩的话 ∷

正处于青春期的女孩子，正是长身体的重要时期，所以在这一时期你们的身体需要得到锻炼，才能够铸就健康的身体。许多青春期女孩子因为缺少运动成了小胖墩、小四眼、小驼背，这样的身体状况造成了内心的自卑心理。

孩子们平时学习比较紧张，有时候身体会吃不消，这时候更需要一个强健的体魄来支撑学习，身体就是革命的本钱，只要有健康的身体，才会使你的学习更加进步，在青春期这个美好的时期，让自己的身体迸发出无尽的力量，成为一个身体棒棒的美少女。而锻炼身体的最佳办法，无疑就是进行适当的运动了，当你循序渐进地锻炼身体，提高身体素质的同时，还能养成良好的运动习惯。

1. 改变不爱运动的坏习惯

有时候，在学习之余的休假日，孩子们没有了繁重的课业压力，也没有父母的监督，许多孩子不愿意外出运动，天天窝在家里玩电脑，还有部分女孩子喜欢睡懒觉，一到休息日就睡到中午，从来不吃早饭，又怕热又怕冷，不愿运动，于是，假期之后，本来不错的小姑娘长胖了好几斤，但个头却不见长。

2. 运动可以增强身体抵抗力

其实，孩子们在学习之余，可以进行适当的运动，这样可以增强自己的身体素质，也可以培养良好的运动习惯。对于正处于长身体的青春期女孩子来说，运动绝对是一个锻炼身体的好办法，还可以铸就自己的好身体。有些经常容易感冒的女孩，就因为缺少运动，所以脸色苍白，身体很瘦弱，经常会生病，进而影响到自己的学习和生活。很多时候，由于许多青春期孩子缺少运动，身体素质很差，抵抗能力也差，使得一些病毒、细菌很容易进入他

们的身体，使本来就脆弱的身体更加不堪一击。而运动恰恰能够使你练就强健的体魄，提升身体素质，增强你的抵抗力，即使面对肆意横行的病菌，你的身体也可以毫发无损。

3.适当运动，可以防病健身

当然，运动可以增强你们的体质，可以有防病健身的作用，但过量的运动或运动方式不适当，也可以引起一些疾病，这是必须引起重视的。许多女孩子喜欢一些激烈的运动，比如篮球、足球之类的运动，这类运动危险系数比较大，稍不小心就会使身体受伤。有时候，你在运动时过于紧张激烈或突然改变体位，或者长时间地剧烈运动，都可以能引起昏厥，主要症状是两眼发黑、呼吸困难、意识障碍等；运动过量或运动要领掌握不好，还可以引起头晕，会让你头晕目眩，还可能恶心呕吐，全身发软；剧烈运动之后还有可能引起哮喘；如果空腹运动，而且运动量过大，准备活动又不足，还可以引起腹痛。所以，青春期女孩子在运动的时候，需要在进食之后进行，做好准备工作，掌握运动的要领，另外，运动时间不宜过长，这样进行适当的运动可以铸就你的好身体，强健你的体魄。

女孩闺房需时常保持整洁

逼逼大王

从小到大，都是妈妈给小梦收拾房间，每个星期定时做清洁，每天早上给她叠好被子，整理好衣服。妈妈经常会抱怨："小梦，你也是大姑娘了，该自己整理房间，这么大的姑娘，还要妈妈给你整理房间，同学知道，会笑话你的。"小梦向妈妈撒娇："可是，不是一直都是你给我整理吗？我又不熟悉，你就行行好啦。"妈妈一边叠着衣服，一边说道："要是妈妈出差了怎么办？房间就这样乱吗？估计我回来你这屋子都不能住人了，你呀，真是个邋遢大王。"小梦做了个鬼脸，跑出了房间。

:: 送给青春期女孩的话 ::

有些女孩子不太注重自己的清洁卫生，连自己的脏衣服、鞋袜一直都是妈妈帮忙打理，除了能自己洗澡、洗头，她们似乎不会干别的，更别说会打扫自己卧室的清洁卫生了。当孩子慢慢长大了，自己有了独立的房间，这是自己的小窝，虽然，青春期的女孩子意识到自己长大了、独立了，却常常忽视了对自己卧室清洁的打扫。其实，很多病菌都是来自不清洁造成的。所以，作为一个青春期的女孩子，应该学会保护自己的身体，那么首先就要学会打扫自己的房间，保持卧室的清洁与卫生。

卧室是你睡觉休息的地方，你一天大部分的时间都需要在卧室里度过，这样一个让你安心睡觉的房间，一定是舒适的、整洁的、美观的。所以，卧室的清洁与否会影响到你的心情，甚至健康。有谁能愿意在一间充满了味道的卧室里睡觉，相信每一个女孩都不愿意，那么你更应该保持卧室的清洁卫生了。那么，你就从现在开始，养成良好的习惯，这会为你的健康带来很大的帮助。因为，如果你的卧室乱糟糟的，把一些脏袜子放在枕头下面，把一些脏衣服丢在角落，那么这些脏衣服在堆积的过程中，很容易发出臭味，滋生出细菌，最终只会给自己的身体带来不良的影响。

那么，如何保持卧室的清洁与卫生呢？

1. 一星期至少打扫一次屋子

主要是消灭灰尘，不让它们在居室中繁衍生息。因为灰尘颗粒可以导致人体患上哮喘、咳嗽和充血等疾病，特别是对于你们青春期女孩。

2. 一星期至少将家中的被褥用温水或热水清洗一遍

你起床之后还可以用棉质的床单盖在床上，以防止灰尘落在上面。如果家里养了宠物，也不要让你的宠物进入卧室内。因为它们的身体、毛发甚至周围的空气中都有大量的细菌。

3. 定期清理家里的通风口，排气管道

另外，定期清理家里的通风口，排气管道。因为这些都是传输细菌的主要渠道，也不要在室内抽烟，因为喷出的烟雾容易使空气中的灰尘滞留。

4. 不要将空气清新剂或是香水喷洒在空气中

不要将空气清新剂或是香水喷洒在空气中。如果你身体对花粉不过敏的话，最好还是买几盆鲜花，既装饰了屋子又可以使空气保持新鲜。

生活有规律，健康自然来

熬夜看电视

最近，电视里在播放露露最喜欢看的电视《甄嬛传》，虽然已经看了很多遍了，但露露还是兴趣浓厚，看着这电视就走不开了。而播出的时间又是在晚上十点，连播四集，等到播完了，已经到了凌晨。露露经常一个人坐在沙发上看着，看到兴奋处还笑出声来，爸爸知道；露露喜欢看这电视，嘱咐她早点睡觉，露露满口答应，可等爸妈进了卧室，她就偷偷地把电视机打开，放低声音，一个人看得不亦乐乎。直到看完了，才依依不舍地关了电视，躺在床上，还回想着电视里的情节，激动得睡不着觉，等到快入睡了，已经是半夜两三点了。

:: 送给青春期女孩的话 ::

正处于青春期的女孩子喜欢玩耍，而且这样的玩耍没有时间限制，看电视就一直看到深夜，玩游戏也玩到通宵达旦，全然不顾自己的休息时间。作为青春期的女孩子，一方面你的身体正处于成长的关键时间，另一方面，这一时期也是学习的黄金时期。所以，一个健康有规律的作息时间对你们来说，是不可缺少的。

1. 健康的作息时间可保持身体健康

规律健康的作息时间可以让你的身体得到充分的休息，补充精力，使你在学习的时候，呈现出最佳的精神状态，这样对于你的学习质量和学习效率都是很有帮助的。所以，青春期的女孩子，千万不要因为贪玩而混乱了自己的作息时间，在这一时期，养成规律健康的作息时间，会对你一生都有益处。因为，这实在是一个不可多得的好习惯。

2. 睡眠不足影响身体健康

有的女孩子认为自己身体很好，精力也很充沛，经常玩个通宵是没有问题的，所以，他们在放学之后就游离在网吧等一些娱乐场所，通宵达旦地玩乐，白天却在课堂上呼呼大睡，这样一个黑白颠倒的作息时间是极不健康的。一方面会影响到你的学习，学习效果下降，成绩直线下滑；另一方面，还可以引发一些疾病，比如长时间看电视，作息不规律，会诱发癫痫病。

另外，睡眠不足，过度疲劳是癫痫发作的一大诱因。很多青春期女孩在放假后就生活无规律，熬夜，通宵上网。所以，培养健康有规律的作息时间表，不要长时间看电视、看电脑，避免诱发各种疾病。增强自己的自控能力，控制玩耍时间，充分休息，保证足够睡眠。

3. 健康有规律的作息时间

那么，什么样的作息时间才算是健康有规律的呢？

早上六点半起床，喝一杯水，补充晚上的缺水状态；七点至七点半，你可以用半个小时的时间学习功课或思考一些学习上的问题；七点半至八点半，早餐时间，早饭必须吃，因为它可以帮助你维持血糖水平的稳定；八点至九点，步行上学，每天走路的人，比那些久坐不运动的人患感冒病的概率低25%；九点至十二点，正式上课时间，再喝一杯水，课间注意休息，出去呼吸一下新鲜空气，不要长时间坐在教室里；十二点半，午餐时间，午餐可以丰富点，可以多吃点；午餐之后，可以适当休息，这时候大脑需要休息；下午进行正常上课；放学之后，可以进行适当的运动，锻炼身体；晚餐不能吃

得太多，会引起血糖升高，并增加消化系统的负担，影响睡眠；晚饭后，可以看一会儿电视，有助于睡眠，但要注意，尽量不要躺在床上看电视，这会影响睡眠质量；睡觉前，洗个热水澡，体温的适当降低有助于放松和睡眠；十一点之前，必须上床睡觉，因为充足的睡眠是保证健康的基本条件。

第9章

青春不叛逆，懂事的女孩有出息

青春期的女孩子性格变化大，不像过去的乖乖女。尽管她们在日常生活中发生一些变化是正常的，是青春期心理变化在行动上的体现。不过，作为处于青春期这个敏感时期，女孩还是应该学会克制自己叛逆的心态和情绪。

不要让唱反调成为习惯

我就是喜欢与你对着干

英子一直很乖巧,平时与妈妈就好像无话不说的朋友一样。不过昨天却当面顶撞妈妈,让妈妈很生气。英子突然觉得:我以前乖巧吗?现在我就是要与你对着干。

事情的起因是妈妈给英子报了一个补习班,英子一直不太情愿,最后几天一直坚决不去,气得妈妈把她骂了几句,英子当面顶撞说:"你去给我报补习班,你经过我的同意吗?你尊重过我吗?你这简直不像当亲妈的……"妈妈气惨了,差点动手打了她,英子最后坚决不去补习,妈妈也没办法了。

后来,难过的英子将真心话写入日记本里,她总觉得自己去补课干什么呢?那些补课的同学一个都不认识,自己坐在那里感觉浑身不对劲。英子最后写道:"爸妈从来不会考虑我的感受,只顾分数分数,就是因为分数,我失去了以往的活泼个性,我很高兴爸妈很如此看重我的前途,不过为什么做任何决定都不经过我的同意?是国家规定我必须这样吗?我之前也没有补习啊,我还不是考了前三名。我本来学习已经很累了,我不想去补习,我心情烦躁,我觉得压力大,你让我补习,我偏偏就不想去……"

::送给青春期女孩的话::

有一位青春期女孩对妈妈说:"为什么我一听见你说学习的事情就来气,我知道你是为我好,但我心里很反感,或许这是一种叛逆心理。假如你不跟说我学习的事情,我很愿意跟你亲近的,而不是像现在这样,我害怕与你交流。"可以说,这是一位青春期女孩的内心独白。

第9章　青春不叛逆，懂事的女孩有出息

进入青春期之后，女孩子在生理上发生了很大的变化，身体慢慢开始发育成熟。不过她们生理上的成熟并没有带来心理上的成熟，不少女孩子在青春期出现了叛逆心理。通常青春期的女孩子在心理特点上最希望表现出成人感，有较强的独立意识。

青春期女孩的心理特征是：情感丰富，情绪波动。青春期的女孩感情相对脆弱，有时开心，有时莫名伤心，对父母不愿意谈及心事，对朋友却可以敞开心扉；自我意识强。她们自我感觉像个小大人，不过思维情感却还是个孩子；她们开始偷藏自己的日记本，有成人的感觉，喜欢模仿大人的行为，比如涂指甲，讨厌父母的唠叨。不管自己对错，只要是来自父母的批评，她们都积极反抗。

青春期女孩处于开放性与封闭性的矛盾，她们需要与同龄人，尤其是与异性、与父母平等交往，她们渴望他人和自己一样彼此之间敞开心灵。不过，由于每个人的性格和想法并不一样，难以满足青春期女孩的这种渴求心理。甚至，有的女孩子会把心里话诉说在"日记"里，这些日记写下的心里话，又因为好强的自尊心，不愿意被他人所知道，于是就形成了既想让他人了解又害怕被别人了解的矛盾心理，同时也是她们与父母产生代沟的原因。

1. 你与父母之间代沟产生的原因

你们正处于青春期，生理上的成长本能地赋予你心理上的反抗，而这样的反抗本能地促使你渴望独立和成熟，促使你与父母之间的分离。但是，在父母方面，面对着你们的成长，却难以转换角色，他们以你未来前途问题而要求你的一言一行。不过，你千万要记住，父母做任何事情都是为了你好，你应该学会体谅父母的一片苦心。

2. 如何与父母沟通

孩子，你要学会理解父母，在你与父母之间架起理解的桥梁。当然，沟通需要双方作出努力，你要主动亲近父母，努力跨越鸿沟，与父母携手同行；遇到事情，学会和父母商量，商量是沟通的一个过程，可以有效地减少彼此之间的冲突；彼此了解是沟通的前提，尊重理解却是最关键的，你可以进行

换位思考，理解父母的一片苦心。

当然，与父母沟通也是需要艺术的，你不妨多赞赏父母，让父母在欣喜之下接受你的意见；当父母跟你说话的时候，要学会认真聆听，这样可以减少我们内心的愤怒情绪；有时候，你也可以帮助父母，做一个乖女儿。而且，在与父母的交往过程中，不需要太计较，要学会宽容。

3. 了解自己叛逆的特点

女孩可以从父母那里了解自己叛逆的特点，并获知在每个年龄段的心理特征。其实，叛逆的个性并非完全不好，不过需要自己学会控制自己。假如现在开始反驳父母，也许证明自己长大了。当然，也不能处处与父母对着干，总认为父母与自己存在代沟，抱着这样的想法是无法顺利度过青春期的。

4. 向父母倾诉自己的烦恼

其实，叛逆的女孩不喜欢父母的唠叨，不过她们却喜欢向别人倾诉自己的心里话。事实上，父母才是倾诉的最佳人选，他们是女孩最值得信赖的人。所以，平时在家里可以主动与父母聊天，向他们倾诉内心的想法和烦恼，也可以选择与父母一起外出散步，或跟父母一起运动，这样彼此都会感觉很轻松。

女孩要懂得控制自己的情绪

情绪多变的女孩

小珊进入青春期之后，就突然性情大变，经常惹妈妈很生气。有一次，一家人高高兴兴地出去玩，刚开始小珊兴致也很高，和她表弟玩得挺开心的，妈妈还给她买了一个小礼物，她很开心，一路上都有说有笑。吃饭时，小表弟看着小珊的礼物说他也想要同样的礼物，当时妈妈想一会出去再买一个吧，当即就把女儿的礼物递给他。这一幕被小珊看到了，刚才还在高兴的她脸上没有了笑容，愣了一会儿，直接从小表弟手上抢过小礼物，转身就扔在地上，这还不解气，还使劲踩了几脚。妈妈惊呆了，一向听话的孩子怎么就性情大变了呢？

有一天下午，由于隔壁家的孩子过来玩，正巧小珊家马上要准备吃晚饭了。当时还是小珊邀请对方在这里吃饭，妈妈和爸爸也答应下来了。在饭桌上，小珊给爸爸夹了一块糖醋排骨，正好邻居家孩子说："我也想吃。"于是爸爸就将那块糖醋排骨放到了那个孩子碗中，小珊看到了脸色有些不对，默默低头吃饭，不一会儿，妈妈发现女儿眼睛都红了。这孩子是怎么了？

:: 送给青春期女孩的话 ::

处在青春期的女孩子，至少面临着三方面的压力和挑战：一方面身体正在迅速发育，尤其是性方面的发育和成熟，让她们积蓄了大量的能量，容易兴奋过度；另一方面，她们学习任务比较重，所承受的心理压力很大。而随着年龄的增长，她们渴望对外部社会有更多的了解，人际交往也逐渐增多，各种各样的信息纷至沓来，这就使她们需要处理的问题越来越多，越来越复杂了。

以上这三方面的压力常常交织在一起，矛盾此起彼伏，尽管说孩子们生活的内容大大丰富了，不过也不再像幼儿园、小学时那样单纯容易了。而这时，他们的大脑的神经机制并没有发育健全，调节能力还比较差，所以面对各种压力和刺激，便很容易产生心理不平衡。青春期女孩又不像成年人那样善于控制或掩饰自己，常常喜怒皆形于色，便显得情绪忽高忽低，十分不稳定了。

尽管说情绪不稳定是青春期的心理特点，不过由于情绪的波动会给孩子们的生活带来一定影响，比如影响与他人的关系、分散学习注意力，长期的恶劣情绪还会使孩子生病，孩子自身需要有意识地调整和控制自己的情绪。

1. 展现自我意识

青春期女孩情绪很受自尊心影响，特别是青春期的孩子自我意识快速发展，有着强烈的自尊心，爱面子，她们迫切希望自己有独特之处，并开始注重自己的外表。这些都是青春期孩子的共性。对此，女孩可以对父母展现自己的心理，希望给予自己足够的面子，尊重自己的话语隐私权。

2. 学会克制自己的情绪

青春期女孩的情感世界充满着风暴，情绪波动大。当她们赢得一点点成绩，就会沾沾自喜，得意忘形；若是遇到一点挫折，就会悲观失望，甚至心灰意冷。在这段敏感时期，女孩不宜过分宣泄自己的情绪，而是懂得克制，当自己忍不住生气时，可以想一下：自己真的需要生气吗？这些事情值得我生气吗？

3. 多交朋友

青春期女孩有着强烈的交友意识，她们渴望结交志趣相投、年龄相仿、能够互相理解，分享生活感受的知心朋友，她们也比较在意别人眼里的自己。有时候为了朋友的平衡与协调，宁愿自己受委屈，对别人的嘲笑、蔑视比较敏感。对此，假如自己在交友过程中遭遇了委屈，不要藏在心里，而是与父母交流，从父母那里取经。同时，要承认在与朋友交往过程中难免会发生一些误会，重要的是宽容对待朋友，友情自然会回报于你。

别人有的，你未必要有

虚荣的女孩

几位中年妇女聚在一起聊天，不约而同地谈到了孩子追赶潮流的话题。

一位母亲说："女儿今年上初二了，天天吵着要手机，我看许多学生都有，就答应了她。你猜她怎么说？说一定要买最新款的，不能比别人的差。"另一位母亲附和道："现在的孩子可爱攀比了，在吃、穿上处处和别人比较，他们一半的心思都花在攀比上，哪里有用功读书啊。"

一直沉默的王女士说："哎，现在的孩子，早上我刚刚看了一个新闻，说一个17岁的安徽小伙子在网上接触了一个卖肾的中介，当时他正想买一个iPad2，在中介的劝说下，他到湖南某医院进行了肾摘除手术。当我看到这个新闻，真是被吓倒了，现在的孩子一点也不让我们省心。"

"说到底，这就是虚荣心在作怪，我家女儿也是，经常嘴里说的都是什么名牌衣服啊、名牌鞋子啊，别人要有的，她自己也要有，可我们有什么办法呢？孩子要，我们做父母的，还不是乖乖掏钱买。"一位母亲很无奈地回答说。

:: 送给青春期女孩的话 ::

随着年龄的增长，心理上的成熟，许多青春期女孩意识到了"金钱"的重要性。除了平时学习之外，无时无刻，她们不是在感受"钱"带来的虚荣感。小小年纪的她们已经开始欣赏歌星、影星的风采，欣赏迪斯科的节奏，欣赏百万富翁的潇洒，欣赏同学过生日花钱多，欣赏同学的名牌服饰。如此种种的欣赏，其实就是以自身在与他人做攀比。

在比较中，女孩子发现别人在某方面远远超过自己，就可能产生欣赏、羡慕的心理。当然，健康的欣赏可以激发积极向上的动力，而变调的欣赏则会演变成攀比，还有可能诱发不健康的行为。处于青春期女孩，她们已经开始用眼睛观察身边的生活，一旦看到别人拥有的东西，她们往往不能冷静地分析"我是不是需要"，就急切地想拥有。

"再穷不能穷孩子"，这是曾经被广泛地刷在墙上、写在黑板上、挂在嘴边的一句话，表达了调动一切社会力量办教育的决心。但是，现在，这句话有了新的理解。许多父母总是竭尽所能满足孩子的种种消费需求，父母大力支持的行为助长了孩子们互相炫耀的攀比心理。青春期女孩正处于生长发

育阶段，对事物尚缺乏正确的判断、分析，而攀比心理会给自己的身心健康带来消极的负面影响，甚至自信心也在攀比中慢慢消失。对待自己的攀比心理，又该怎么办呢？

1. 树立正确的荣誉观

只有女孩树立了正确的荣誉观，有了荣誉感，才会激励自己不断进取，不断奋发向上。宝贝，父母可以告诉你："同学们吃大餐、穿名牌、坐名车并不值得你羡慕、嫉妒，因为这不是一种荣誉，只有你的学习成绩优异才是一种荣誉。"

2. 自食其力

当女孩为了虚荣心而攀比的时候，你已经忽略了最宝贵的东西。不是不可比，而是要通过自己的努力，去创造与别人相同的条件，从而巧妙地将攀比化成动力。比如，你跟别的孩子比手机的档次，那为何不用自己打工攒零花钱购买手机呢？这样不仅解决了盲目攀比的难题，还使自己形成了节约意识、养成动手动脑、发明创造的习惯。

3. 理性消费

有的女孩子只要看见朋友有了新的东西，她就想买，从来没考虑过那些东西是否真的适合自己。在这样的情况下，当自己想买某种东西的时候，不妨反思：你是否真的需要这些东西？它对你有什么作用？以此来正确分析盲目消费的现象，冷静对待虚荣的攀比心理。

"摇滚"并非是个性的代表词

摇滚就是我的个性

本来，丹丹喜欢听歌是一种情趣，但是，一位父亲却开始为此担心了起来。他说:"我女儿丹丹正上高二,平时最大的爱好就是喜欢听歌,以前我也没怎么关注她的这些爱好。因为我对音乐也不怎么熟悉,也就喜欢听一点80年代的老歌。可前不久,我发现女儿经常会躲在房间里听一些极具震撼力的歌曲,而且,经常把声音开得很大,震得房间都一颤一颤的。我好奇地问女儿:'你听的都是什么歌曲啊?'她很得意地回答说:'摇滚,老爸,你没听过吧,快过来听听'。可能是年纪大了,听着那声音我的耳膜就受不了,女儿称这是重金属音乐,我也搞不懂其中的差别。"而且,丹丹总是说:摇滚就是我的个性。

:: 送给青春期女孩的话 ::

对于大多数父母来说,摇滚只是一种模模糊糊的印象,可能他们一辈子也不会关注到"摇滚"这个词。不过,走在大街上,经常会听到一些青春期孩子在谈论摇滚乐,这不难看出,摇滚乐深受许多青春期孩子的喜爱。摇滚乐给人们带来的不仅仅是听觉上的冲击,更多的是对思想的影响。摇滚乐有积极向上的,也有消极低调的,有大胆抨击的,但也有掺杂着颓废的因素。如此复杂多变的摇滚乐是否适合青春期女孩?

摇滚是一种精神,它倡导自由,倡导大家敢于挑战传统观念。鼓励人们发泄出自己对社会的不满,揭露社会的阴暗面,反映出人类内心真正的痛苦、欲求。在现实生活中,许多父母认为摇滚是猛烈的天真、不羁的眼神、漠视一切的态度,也正因为如此,许多父母极力反对自己的孩子听摇滚,担心孩子会被这种摇滚的豪放、狂热、不羁所影响。当然,父母的这种看法是片面的,摇滚乐有不同的风格,每种风格都有其特殊的感情表达方式。这需要我们作为父母仔细分辨孩子所喜欢的摇滚风格,才能判断摇滚乐是否对孩子有不利的影响。

喜欢摇滚乐的青春期女孩,大多存在这样的心理:叛逆,反对世俗,和大家的观点想法不一样;心理敏感,很感性;内心深处在某方面很自卑,但在某些方面很自大,看不起很多东西;悲观,尤其是在孤独时更加失落;心

胸狭隘，她们在表达感情或情绪时很直接，不太顾及他人的感受；喜欢幻想，希望通过幻想来改变这个世界。

1. 摇滚确实可以吸引个性女孩

那些喜欢摇滚的女孩大多数会把摇滚当作一个出口，发泄心灵深处激情的出口。通过摇滚，她们追求自由，发泄心中的不满。青春期是一个充满挫折的时代，女孩在追求独立生活的过程中，往往会遇到一些困难与烦恼。她们内心苦闷，又不愿意将心中的烦恼向父母倾诉。在这样的情况下，摇滚音乐往往能引起孩子们的心理共鸣。

2. 听健康音乐

现代的流行乐坛也充斥着一些粗制滥造、庸俗低下、过分凄婉悲惨的音乐，这会使女孩陷入低迷的情绪，有的孩子还会受到歌词的影响，产生颓废的心理。当然，好的歌曲往往催人奋发向上，热情澎湃。女孩在选择听什么音乐的时候，应尽量选择内容和情调健康的音乐，不要去听那些颓废无聊、格调低俗的音乐。

3. 正确看待摇滚乐

美国科学家曾做过一些实验：在摇滚乐的作用下，植物会枯萎下去，动物会渐渐丧失食欲。而摇滚乐对人的危害也是相当大的，不仅能导致人的听力下降，精神萎靡，还会诱发一些身体疾病。听摇滚乐是对青春期女孩来说是一种时尚，不过，父母在这里建议女孩选择适合自己的摇滚乐，而不是盲目地追求所谓的时尚。好的音乐会使你身心得到健康的发展，反之，只会影响你的身心健康。

渴望独立是盲目地追寻自由

我不是小女孩了

小薇从小跟妈妈一起睡觉，小时候特别黏人，直到六七岁还跟妈妈一起睡觉。后来为了让她独立，妈妈专门为她准备了一个房间。现在小薇15岁了，在学校读寄宿，偶尔回来，因为太想念孩子，妈妈会主动提出："宝贝，今天妈妈跟你睡，好不好？"这时小薇便会不耐烦地说："我这么大了，还要跟妈妈睡？传到我同学耳朵里多丢人啊，你自己回房间睡吧，别管我了。"被女儿嫌弃的感觉还真不好受，怎么她现在跟我都不亲热了？

小薇有时晚上跟同学会玩到10点钟才回来，爸爸很担心她。有一次，小薇出去玩之前，爸妈就问到了女儿玩耍的地址，到了9点，小薇还没回来，爸爸妈妈都急了，又是女孩子，万一出点事情怎么办呢。爸妈越想越害怕，赶紧跑去小薇玩耍的地方，小薇看到爸妈，脸色很难看，不过还是跟着爸妈回来了。

不过，一到家，小薇就开始发脾气："拜托你们不要跟着我，好吗？"妈妈很伤心："爸妈也是担心你啊，你一个女孩子，深更半夜的，在外面玩什么啊……"女儿情绪很沮丧："妈妈啊，我不是小孩子啦，我可以保护自己的，都是同学一起玩，能有什么事情啊。"说完，就跑进她的房间，剩下无奈的爸妈。

∷送给青春期女孩的话∷

为什么孩子上了初中，就变得和以前不一样了，不听话了，这是许多父母都感到棘手的问题。教育专家表示，这一年龄阶段的孩子正值青春发育期，

生理心理都有很大的变化。在这个时期，父母不能再像以前那样直接干预孩子的生活，而是从思想入手，增进亲子沟通。否则，孩子容易产生逆反心理，甚至产生敌对情绪。

青春期女孩一方面觉得自己已经是个成年人，竭力想摆脱父母的管教，不愿意被当作小孩子，渴望有独立的人格，渴望得到父母的接纳、理解和尊重。同时，希望获得某些权利，找到新的行为标准并渴望变换社会角色。在这个过程中，一旦她们自主意识受到阻力，人格发展受到限制，她们就会反抗。此外，由于她们的社会经验不足，自我生活能力还比较差，尚不能完全摆脱父母，因此她们的内心会产生各种各样的困惑与焦虑。

1. 坚持自己独立的人格

父母和女儿都是具有独立人格的个体，谁也没有必要为了对方而牺牲自己，更不可以将自己的主观意志强加给对方。这将意味着女孩与父母之间应保持适当的心理距离，不要过于依赖。同时，对于那些依赖父母的女孩，更需要坚持独立的人格，父母不可能永远陪伴在自己身边，为自己的一切做主。毕竟自己未来还需要适应社会，所以应该养成独立的人格。

2. 与父母多沟通

与父母建立良好的关系，不能与父母对着干，更不能当面顶撞父母，这会伤害父母那份淳朴的爱。假如自己需要外出，一定要与父母协商，毕竟年龄还小，且又是女孩，父母担心是在所难免的。因此，女孩要多体谅父母的心情，跟父母交代清楚，去哪里玩，什么时间，让父母安心。

3. 你所渴望的独立只是盲目的自由

女孩总是觉得父母处处管着自己，好像自己失去了自由。不可否认，在现实生活中，有许多父母对女孩过分保护，以至于让女孩感觉到失去了自由的呼吸。但是，孩子，所谓的自由不过是盲目的，独立是一件好事情，父母也希望你早日可以独立。但你现在这个年龄，只需在精神上做到独立的准备，因为你在环境上、物质上是无法独立的。所以，尽可能让自己在精神上独立，不要太过于去追求所谓的自由，在父母身边健康地成长，这就是最好的自由。

等到你可以真正独立那一天，父母定会放你真正的自由。

4. 培养自己的自主性

自主性包括独立性、主动性和创造性三方面。女孩在日常生活中要注意培养自己的自主意识，坚持自己做主，在父母的建议下，偶尔做一些不明智但安全的决定，使自己从错误中吸取教训。

5. 拒绝父母强行的"溺爱"

有的父母关心照顾了女儿，就要求她回报优秀的成绩。而且，父母需要充分信任女儿，有的父母总希望随时监视女儿，知道她的所有事情，知道她的一举一动，这会让孩子十分反感，从而破坏了亲子之间的信任和关系。如果遭遇这样的父母，可以与父母协商：我已经独立了，希望你们给予我一些自由，当然，在许多事情上我依然需要你们，请放养我吧。

如何克制自己青春期的敏感脾气

莫名其妙地生气

小月最近感觉就像吃了火药一样，脾气很坏，动不动就发火。虽然有时候，她想着极力克制，但还是忍不住把那些话说了出来。这天晚上，已经快九点半了，小月还守着电视看，妈妈过来说了一句："宝贝，怎么还不去睡觉，明天还要上学呢，早点睡觉。"小月显得很不耐烦："我自己知道，看个电视也要管，真是。""哎，这孩子，越大脾气越坏……"妈妈还没有说完，爸爸就把她拉了出去，小声跟她说："她正处于青春叛逆期，不要管她，你越说她越有劲。""唉。"妈妈长长叹了口气，坐在沙发上的小月觉得自己刚才的话有点重，但她又觉得不知道如何跟妈妈道歉，干脆直接关了电视，回自己房间去了。

:: 送给青春期女孩的话 ::

处于青春期的女孩子,经常会出现缺乏耐性、脾气暴躁,甚至对同学、父母或者老师都有一些冒犯性的言行举止。为什么一个本来乖巧的女孩会变成这样呢?许多相关研究人士经过研究发现,这其实是一个完全正常的生理现象,主要原因是因为青少年的中枢神经系统处于高速生长的阶段。一些脑神经科学家们曾经对11岁左右的女孩进行的实验证明,这一时期也就是她们刚刚开始青春期的年龄,这一时期的孩子在感知、情绪等方面作出的错误判断最多,到大约7年之后,也就是基本完成生理发育的时候,她们才能比较准确地判断感情。

1. 脾气大是正常现象

当你们还处于青春期的时候,对一些情感的判断与成年人明显不同。青春期的女孩子正处于大脑前额叶皮层发育的阶段,大量的神经连接正处于"改造"之中,而大脑前额叶皮层对感情、道德等情绪有影响,并负责产生行动的神经冲动。另外,大脑的其他部分已经基本发育完毕,而前额叶皮层是大脑最后发育的部分,发育过程伴随整个青春期。所以,这直接导致了青春期女孩有感情判断失常、举止暴躁等表现。这样的情况是正常,不要为此感到困扰,只要你们能够顺利度过这一阶段,那么就会一切恢复正常了。

2. 学会克制古怪的脾气

许多女孩进入青春期以后,发现自己长大了,也发现自己变了。她会经常无缘无故地忧愁,经常容易生气,越来越不满意父母的管制,有时候为了一点点小事情就大发脾气,其实,那并不是自己的本意,自己明明知道这些话会伤害到别人,但是自己还是克制不住,说过之后马上就后悔了。这样时间长了,性格越来越怪异,脾气也越来越不好了。其实,在青春期,你的性格开始发生变化,自己觉得已经长大成人了,心里渴望独立,凡事都希望自己做决定。这是你们必须经历的一个特定时期,这个时期情绪很不稳定,容易冲动,对身边的一切事情感到困惑,也会自己的行为后果考虑不周。

其实，父母也是这样长大的，你不要太自责了，既然你自己能够意识到自己行为的错误，就要学会自我克制，改变自己，尽量使自己变得心平气和，让自己顺利地度过青春期。

面对父母的比较心，灵巧与其沟通

爸爸妈妈，我没有那么优秀

最近，妈妈觉得楠楠的成绩有所下降了，着急的她为了激发女儿的好胜心，忍不住数落楠楠："你怎么不争气呢，你看你同学小雪多认真，听说这次考试她又是第一名呢，你啊要多向她学习，知道吗？""我觉得自己已经够努力了，怎么会把我跟小雪一起比呢，她每次都是第一名，依我说，她还是在原地踏步呢。"楠楠不以为然地丢了一句给妈妈，妈妈没有想到楠楠这样说话，她也有点激动了："妈妈这样跟你说，是因为许多同学都在努力，你当然要努力点，否则就落后了，到时候成绩下降了怎么办。""哎呀，哎呀，知道了，你别说了，我知道了。"楠楠不耐烦地咕哝了几句，就进屋里了。

::送给青春期女孩的话::

父母记得，你曾说过这样一句话："一位孩子的爸妈说，他的儿子学唱歌得到了老师表扬，但他提醒孩子不要得意，理由是还有更优秀的孩子。"你当时说，如果父母也像这样，自己肯定觉得委屈。父母承认在这方面有一些"比较心理"，似乎看不到你的进步，总是拿你跟别的孩子做比较，经常对你说的话就是："你看你的同学某某，每次考试都是第一"、"你看隔壁的孩子，多勤快，总是帮妈妈这样那样，你呢"。结果，这样一比较，父母心里是越比越着急，而你也是压力剧增。

其实，父母很明白这个道理：孩子最好是不要比的，即便是比较那就是纵向比，而不是横向比。纵向比就是比较孩子自身的进步，只要孩子比昨天多了些进步，那就是一种收获；横向比，则是比较与孩子同龄的孩子，许多爸妈都以自己孩子某个方面与更优秀的孩子比。这两种比较方法可想而知，前者会让你看到孩子的进步，后者会模糊孩子的明显进步，更提升了爸妈的期望值。孩子在纵向比中增强了自信心，却在横向比中丧失了信心而变得自卑，在以后的时间里，父母要谨记：时刻关注到你的每一个细小的进步，纵向比而不是横向比。

1. 多展露自己的优点

许多家长对于孩子的缺点数落不完，一旦被问到孩子的优点，却显得支支吾吾，半天说不上几个来。其实，很多时候，父母只看到了孩子的缺点，而没有看到你的优点。在这样的情况下，孩子，在父母面前，你要多多展现自己的优点，父母一旦看到你身上原来有那么多的优点，那么，他就不忍心再指责你了，再拿你与其他的同龄孩子比较了。

2. 多与父母沟通，促使其降低期望值

很多时候，父母总是拿你跟别的孩子比较这、比较那，主要原因是父母对你的期望值很高，一旦你无法达到他们的要求，他们就会觉得不满意。大多数家长会关注到别人孩子的成绩，继而对自己孩子不满意，这就是典型的横向比较。在这样的情况下，孩子需要多与父母沟通，告诉他们："这次考试，我已经尽力了。"以此促使父母降低心中的期望值，不再纠结于"比较心理"。

3. 父母愿意做你的朋友

在青春期这一青涩的阶段，由于你们身体和心理上的变化，或许，让你们心中有了一些莫名的烦恼，这些烦恼无处诉说。不过，父母愿意做你的朋友，愿意与你分担你在青春期的烦恼与快乐。当然，朋友之间是可以互相提意见的，如果你认为父母在某些方面做得不恰当，让你不舒服，你可以坦白地告诉父母，让父母能够明白你心中所想，进而达到与你和谐沟通的目的。

4. 父母希望能听到你更多的心声

孩子，通过与你的交流，父母发现，原来你不喜欢妈妈唠叨，不喜欢爸爸总以教训的口吻跟你说话。但仅仅是这些吗？孩子，父母希望能听到你更多的心声：父母是否给你的压力太大？父母是否管你管得太多？这些问题，父母都想知道，在你心里究竟是怎么想的。所以，孩子，敞开你的心扉吧，把更多的心声送给父母听，让我们成为无话不说的朋友。

第10章

青春不封闭，女孩与人积极健康地交往

随着年龄的增长，女孩们的交际范围开始慢慢扩大，因此，在这一时期，你们要学会如何与人交往。可能由于女孩的羞涩，也可能是对人际交往的恐惧，使得许多青春期女孩子在与他人交往中，迈不开脚步，整个人局促不安，最后导致交际失败。其实，作为青春期女孩子，应该交往有礼，创造出快乐轻松的人际关系。

娇弱女孩如何战胜社交恐惧症

我害怕与人交往

艳艳今年17岁了,是一所普通高中二年级的学生,爸爸和妈妈都是大专毕业,在机关工作,家族都没有精神疾病的历史。因为家里就她一个孩子,全家人对她都很疼爱,不过,她爷爷对他要求严格,希望她将来可以作出一番大的事业。艳艳从小就很腼腆,不喜欢说话,家里来陌生客人了,她也是经常躲而不见。在整个读书期间,她都没什么朋友,平时不上课就窝在家里。

但现在艳艳读高中了,她开始寄宿了,开始感觉到很多事情不顺利,她很苦恼,常常向妈妈抱怨,一副不知所措的样子。前不久,艳艳在学校中一个男生无意中用余光瞄了一下自己,她就觉得对方在警告自己。从此,她更害怕与人打交道了,尤其是遇到异性,她就很紧张,注意力无法集中,学习没有效果。后来,严重的时候,发展到与同性、与老师都不敢有视线上的接触。她常常对妈妈说:"妈妈,我很痛苦,好苦恼,可又不知道该怎么办?"

::送给青春期女孩的话::

人际关系是处在青春期女孩子中最常见的心理问题,是导致各种精神疾病的主要因素。不可否认的是,人际交往障碍影响了孩子的正常学习和生活。在案例中,长期宠溺的家庭生活使得孩子很难适应独立的学校,自理生活能力很差,形成了孩子不良的人格特征。而又由于处在青春期这个特殊的生理、心理发育时期,身心变化巨大,对于孩子来说,一方面十分渴望获得友谊和建立良好的人际关系;另一方面又有很强的自我意识与独立性。再加上孩子第一次离开家庭，她的心理健康水平比较低，自我调整能力差，以至于形成了一些不正确的认识和观念。所以，她很难适应新的人际交往和学校环境比较复杂的关系，从而导致了人际交往障碍。

许多处于青春期女孩子都有人际交往障碍，她们心里有很多苦恼："我性格内向，不愿和别人交往，我挺烦的，怎样才能做一个善于交际的人呢？"、"我是一个女孩，我想说的是，我无论和男的或女的说话时，不敢看对方的眼睛，手一会儿挠头一会儿揣兜，不知道该怎么办？"、"我太在乎别人对我的看法，和别人沟通时，我都担心别人怎么看我，尤其是面对比较重要的人，我还有点自卑"、"我觉得我自己心理上有问题，很多时候很想跟别人聊天，但又不知道有什么好聊的，很多时候我很害羞，说话也不敢大声，我感觉自己好胆小好内向"。从孩子们的心声中，我们可以看出他们中的大多数只是性格内向不善于交际，或是不懂得沟通的艺术，而导致社交过程中出现不适，而并非他们不愿意与人交往。

心理专家称，在青春期，女孩子们很容易患上社交恐惧症，严重的还会发展成社交恐惧症。在青春期，一个人生理和心理都要发生急剧的变化，如果在这一阶段遇到心理问题，没有解决好，就很可能影响她们将来的升学、求职、就业、婚姻等一系列社会化进程。

1. 尽可能与同龄孩子交往

现代社会，大多数家庭都是独生子女，虽然，许多女孩能受到父母良好的教养。但是，如果她们缺乏与同龄孩子的交往，其身心将不能健康成长。女孩在与同龄人的交往中，会遵守共同的规则，学会了交往，学会了尊重别人的权利。而且，从其中还可以学到如何与人合作，如何交朋友。

2. 参加活动可以帮助你拓展圈子

在学校，有可能你所能接触到的就是自己的老师和班里的同学，有时候，甚至是同年级的同学，也只是打过照面，没有真正接触，更别说成为朋友了。而学校举办的一些有意义的集体活动恰好为你提供这个机会，在活动中，你可以认识更多的同学与朋友，相应地，也拓展了你的交际圈子。

3. 参加活动可以有效锻炼你的交际能力

有的女孩子比较羞涩，性格内向，她们的交际能力较差，像这样的孩子更应该参加一些有意义的集体活动。在活动中，气氛比较热烈，能够激起大家聊天的欲望,如此的话,能够有效地锻炼你的交际能力,提升你的口才水平。

做一个人见人爱的懂礼女孩

别做"闷葫芦"

从小，爸妈就教导小楠要懂礼貌，平时见到人都要好好打招呼，而且，还应冠以好的称呼，诸如叔叔、阿姨、爷爷、奶奶。那时候，小楠特别乖，家里来了客人，爸妈介绍的时候，她总会亲热地叫上一声"叔叔，您好"、"阿姨，您好"，然后主动端茶递水，有时候，还会拿着爸爸的香烟，向在座的叔叔敬烟。不过，小楠好像是越长大越无"礼"，应该是完全省去了应有的礼节。

步入青春期的小楠虽然个头很高，但是，却愈见羞涩了。家里偶尔来了客人，小楠总是一声不响地进自己的小房间，一个人看电视，或者摆弄自己儿时的玩具。如果爸妈要求小楠见见客人，她总是推辞："那是你们的朋友，我有什么好见的。"就连最起码的称呼，小楠也省略了。对此，爸妈总是叹气："这孩子，真是越大越不懂礼貌，简直就是个闷葫芦。"

∷ 送给青春期女孩的话 ∷

虽然，你从小就被教导着懂礼貌，尊敬师长，但是，长大之后，可能是羞涩的原因，自己的言行却渐渐偏离了这个轨道。不仅如此，有的孩子的情况变得更糟糕，他们学会了满口脏话，在学校见到了老师，也是绕道而行，只为了不跟老师打招呼。这时候，你已经不是当初那个懂礼貌的孩子了，而成了一个无礼的少年。父母记得你小时候是一个懂礼貌的孩子，见到人就会称呼"叔叔、阿姨、爷爷、奶奶"，很讨人喜欢。但是，现在的你怎么变成了一个不懂礼貌的孩子呢？不要觉得自己长大了就不用招呼人了，不要以为"懂礼貌"只是小孩子的行为准则，它一样适用于你们。

现在的你们长大了，开始慢慢地融入了日常的交际生活，有时候，甚至是你一个人参加某种社交活动，爸妈不会在身边陪着你了。在这样的情况下，作为一个青春期的女孩子，更应该把"礼"字当头，待人接物彬彬有礼，以此博得大家的好感。

中国自古就是一个文明之邦，从古至今，人们都认为礼仪是一个人最基本的素质之一。所以，在很多时候，人们判断一个人是否值得信任，是否有锦绣的前程，都是依据他言行中表现出来的礼仪。

1. 老师同学更喜欢懂礼貌的孩子

孩子，虽然你从小就接受了文明礼仪的教育，甚至你还可以滔滔不绝地大谈文明礼仪，但遗憾的是，在实际生活中，却经常作出一些不文明不礼貌的行为。在生活中，有的孩子面对老师，满脸羞涩，也不主动开口打招呼；有的孩子听老师讲话，东张西望，不屑一顾；有的孩子出口就是污言秽语。父母看到这样不懂礼貌的孩子，实在很痛心。因为一个人是否知礼仪，就可以看出他是否有良好的修养。我们希望你能够成为一个有礼貌、有修养的孩子，获得老师和同学们的喜欢。

2. "彬彬有礼"是你进入成年社会的最佳名片

在日常交际中，每个人都希望得到大家的喜欢，获得他人的好感，实际上，当你还在冥想怎么去做才会受到大家的喜欢的时候，你却忽视了最基本的东西，那就是有礼貌。这不仅仅会成为你现在受欢迎的有力帮手，它还会不断地为你融洽人际关系，即使你在成年之后，也一样会感觉到礼仪的重要性，因为"彬彬有礼"是你进入成年社会的最佳名片。

孩子，虽然你在不断地接受文明礼貌的教育，却一直吝于付诸实际行动。

那么，就从现在开始吧，从自己的言行上下功夫，告别不文明的行为，做一个懂礼貌的好孩子。

3.青春期女孩子该如何成为"彬彬有礼"的美少女？

那么，如果你想成为一个彬彬有礼的女孩，该如何去做呢？首先就是需要培养出自己美好高尚的心灵，文明礼貌虽然是外在的行为，但是却是内在思想和情感的自然表露，真正有礼貌的人，是拥有了崇高的修养，美好的语言来自美好的心灵。另外，在实际生活中，还需要规范自己的言行举止：谦虚礼让、谈吐文明、举止端庄、讲究卫生。只要你能把自己的礼仪融入到生活中，你就会成为有礼貌、有修养的女孩子。

怎样做才能让同学信任自己

他们好像并不喜欢我

由于参加集体活动的缘故，苏月的交际能力得到了大大提升。在高三上学期，她主动请缨当上了班里的团支书。经过半学期的工作，苏月觉得自己表现还可以，至于学期末的评优应该是没问题的。但是，前天的班会课投票评优却让苏月感到很是郁闷和迷茫。班里一共44票，班长得了29票，但苏月却只得了6票，还有的则是弃权或者投其他同学的。苏月一下子觉得问题严重起来，她觉得十分伤心，原来同学们并不信任自己。

在下课之后，苏月得知自己的好朋友燕子也投了班长后，她更伤心了。因为燕子是自己最信任的朋友，没想到她却这样对自己。一直以来，苏月是一个个性很强的女孩子，成绩在班里是前10名，跟班主任关系也不错，在学校里也是学生会副会长，有很多认识的人，但是，她觉得最困难的就是跟班里的同学打交道。而且，她根本没想到结果会是这样，她很想知道自己究竟怎么样去做，才能继续留任，才能赢得同学们的信任。

这次的投票结果让苏月开始重新审视自己与同学们之间的关系，想到还要面对同学，她只能把心事藏在心里，对同学还是笑脸相迎。不过，她有时候没有把握，自己该以什么样的姿态来面对同学们，才能获得他们的信任呢？

∷ 送给青春期女孩的话 ∷

孩子，你慢慢长大了，在你的人生中开始出现了一些颇有分量的词，诸如信任、责任等。什么是信任呢？信任就是：不怀疑，认为可靠。有教育家曾说过："对人的热情，对人的信任，形象点说是爱抚、温存的翅膀、赖以飞翔的空气。"在生活中，人与人之间的交往，信任是最基本的前提，也是彼此之间互相沟通的钥匙，更是建立良好友谊的桥梁。最近，你总是唉声叹气，回来总说："同学对我不够信任。"孩子，信任是相互的，或许，在你与同学之间真的出现了一些问题，这时候，你是否反思了自己的行为呢？

孩子，你性格比较好强，总是以自我为尺度或中心来判断和处理事情。有可能在班级工作中，你总是希望和要求同学们像你一样，把所有心思放在同学之间的互相协作上。虽然，你的出发点和为同学着想的思想是好的，但是，你没有尊重个体差异以及不同人的追求目标、性格特点以及为人处世方式，让同学感觉到你不是那么在意他们的感受。因此，渐渐地，他们失去了对你的信任。那么，你该如何来补救呢，怎么样才能获得同学对你的信任呢？

1. 学会自律

经过了这样一件事，需要你在以后的工作中学会自律，遇事多为别人着想，尽量照顾其他人的利益。同时，要不断地看到同学们的优点，学会赞美同学，在向同学提意见的时候，用"如果"或"假设"的口气，这样，同学会更容易接受。

2. 更好地服务于同学

其实，团支书的工作是更好地为同学服务，与此同时，你要用自己的真

心、诚意来协调同学之间的关系。学会主动与同学沟通，不要把矛盾放在心里，更不要有过激行为。遇到矛盾时要心平气和地把自己的想法说出来，诚恳地与对方谈心。

3. 关心每一个同学

在日常生活中，我们都有这样的体验，当自己被他人关心、关注的时候，心中就会有一种倍感温暖、倍感安全的自信和快乐。一样的道理，当同学们遇到困难和阻碍的时候，你应该主动伸出援助之手去关心、帮助、问候和体贴，那么，同学们也会以同样的方式对待你，时间长了，你们自然会形成一种友好、亲密的朋友关系。

学会与老师进行有效的沟通

我可以与你做朋友吗

小青记得英语老师在自我介绍的时候，曾说："我私底下其实是一个很有趣的人，我喜欢能与在座的孩子们成为无话不谈的朋友，我也欢迎同学们到我家里来作客，在课堂上你们可以称呼我为王老师，在下课之后，你们可以直接叫我老王。"当时，小青心想：这些老师真是虚假得很，经常说与我们做朋友，结果呢？不是逮住你正在看课外书，就是瞅准你没写作业。难道这就是所谓的交朋友？而且老师总是高高在上，怎么可能成为朋友。

不过，这个看起来蛮有趣的老头子，难道真的会成为我们的朋友吗？

:: 送给青春期女孩的话 ::

许多青春期女孩总认为老师是一个高高在上、难以亲近的人物，因为他们总是板着脸，一副严肃的样子，不苟言笑。其实，很多时候，你只是把老师当作了教育者，而没有把老师当作朋友。爸妈告诉你，老师也只不过是一个普通的人，在他们那张严肃的面孔下，有着一颗同样的心。所以，在平时的学习生活中，只要你与老师多作沟通，说不定，你还真能成为老师的朋友。

不知道你忘记没？以前，父母总会带着你去拜访一些老人，其实，那就是父母以前的老师。在学生时代，老师给予我们谆谆教诲，当时，我们怀着对老师的无限感激，经常向老师请教问题，闲暇之余，还与老师一起看电影、看小说；后来，我们长大了，毕业了，也不时给老师打电话、发发电邮，畅谈我们工作的烦恼。就这样，一直到现在，我们与老师还保持着联系，而我们之间也成了无话不说的朋友。

1. 与师者同行，你将受益终生

孩子，固然同龄的朋友会跟你多一些共同语言，但却无法为你的人生道路出谋划策。但老师就不同了，他们经历了无数的岁月，对社会有了很深的认识，对人生也有了许多总结，他们终究是过来人。在人生的道路上，如果有一位老师作为自己的朋友，那就像是为你多准备了一根拐杖，时刻支撑着你，给你生活的信心。当你在人生路途中遇到了挫折，他们会给你莫大的帮助；当你在人生的十字路口徘徊，他们会给你中肯的建议；当你获得了成功，他们会由衷地感到自豪。与老师成为忘年之交，你将受益一生，因为在某种程度上，老师成了你人生当中的引路人。

2. 与老师多沟通，你也可以成为老师的朋友

在课堂之上，老师是传授知识的师者；在课堂之下，老师则是一个再普通不过的人，他跟我们一起有喜怒哀乐，跟我们一样有兴趣爱好。很多时候，你之所以觉得自己与老师存在着很大的距离感，那是因为你们之间缺乏沟通。因此，在平时的学习过程中，主动与老师接触，有什么不懂的问题向老师请教，多找机会与老师接触，你会发现，你也可以成为老师的好朋友。

乖乖女也要学会说"不"

我不想做"老好人"

小茹一向很听话，不过就是做事优柔寡断、不懂得拒绝别人，常常搞得她自己很苦恼。前不久，班里有一个男生给她写了一封信，本来已经想好了怎么拒绝他。但是，过了几天，她却表示：我不知道该怎么拒绝他，万一伤害了他怎么办？结果想来想去也没想好，这件事一拖再拖，这不，那男生又写了第二封信了，她很苦恼。

小茹在学校里过得很不开心，也源于其不懂得拒绝的个性。上高中一年多，由于同学的要求，她经常帮同学们借书、买饮料、跑腿、锁自行车、拿衣服……她自己舍不得花的零用钱借给同学，同学却没再提还的事情，小茹也不好意思要，只能在家生闷气。她每天回来都跟妈妈说："妈妈，我觉得好烦，好累。"

::送给青春期女孩的话::

社会化教育的缺失让孩子在与人交往时显得心智不成熟。作为一个社会人，我们每一个人都不能脱离社会而独自生活。假如孩子不懂得果断做决定、不懂得巧妙拒绝别人的不合理的要求，如何恰当地表达自己的不满情绪，那么，孩子在整个社交活动中只会感觉到很累。

心理学家认为，一个人遇事反反复复、犹豫不决，总拿不定主意的现象是意志薄弱的表现，它直接影响着一个人选择能力的形成，而选择能力的强弱又对人的成功与否起着至关重要的作用。在人生中，有的选择会直接影响自己或他人的一生的命运，而优柔寡断、犹豫不决正是选择的大敌。

将来，女孩要独立面对纷繁复杂的社会局面，这时身边没有父母的话可以听，而自己又拿不定主意，不懂得拒绝人，那可能是要误事吃亏的。

1. 不要做"听话"女孩

一直以来，父母的教育方式就是让女儿听话，听话的孩子就是好孩子，无论大事小事，需要孩子服从，于是就养成了听话的习惯。在家里听话的女儿，难免将这种人际交往方式迁移到与他人的交往中，因此，她们总是处在一种人强我弱的位置，对于他人提出的不合理要求，她们也不懂得拒绝。当然，不要做"听话"女儿，并非是真的不听话，而是哪些话该听，哪些话是需要思考的。

2. 培养自己决断的能力

有的孩子遇事犹豫不决，一个重要的原因就是总怕自己考虑不周全。虽然，考虑周全是无可非议的，但追求万事完美，就会错失良机。女孩应该懂得，凡事有七八分把握，就应该下决定了，这样可以锻炼自己形成果断的性格。

3. 以商量的口吻拒绝朋友

拒绝别人，有时需要和对方磨嘴皮子，一直到对方认可自己。比如，碰到比自己小的孩子想要玩比较危险的游戏，你可以这样拒绝："你太小了，还玩不了这么大的车，太危险了，碰着你会流血的，等你长大了，我再教你玩，好吗？"

4．坦然表达自己不满情绪

在学校，许多同学在家里做惯了"小皇帝"，总是指使身边的同学做这做那，如果女孩不懂巧妙拒绝的话，那就可能要受欺负了。因此，对于那些不合理的要求，女孩安全地表达自己的不满情绪，比如"刚才做了那么多作业，我已经很累了，不好意思"。

合作，聪明女孩的必备技能

合作＝双赢？

班会课上，班主任针对这次的考试成绩做了简单的总结，随后就说道："看到你们各科成绩参差不齐，我与几位科任老师商量了一下，决定在班里成立互帮学习小组，也就是两个人成为一个小组，互相帮助，共同提高学习成绩。"同学们听了，都觉得这个想法很惊奇，老师不容大家去讨论，就开始分起了学习小组。在分组过程中，苏和英成为一个小组，这主要是因为英的英语成绩不错但数学成绩差，而苏的情况恰好相反，老师认为彼此之间可以形成互补。

苏一直不太喜欢英，她甚至有些不屑与小胖子英成为学习小组，跟她学习英语，还不如自己学呢。苏和英都没把学习当回事，各学各的，结果分组之后的一次测试，班里同学的成绩都有提升，但苏和英的成绩不但没有提高，反而有所下降。苏感到很奇怪，难道合作就真的会双赢吗？

∷送给青春期女孩的话∷

其实，合作是伴随着你一生的，小时候，你与伙伴玩游戏，那就是合作。在游戏中，你可以获得快乐，你的伙伴也一样获得了快乐，那就是双赢，反之，如果你们各玩各的，就会觉得无趣。在现实生活中，许多孩子都是独生子，平时在家里都是以自我为中心，促成了孩子狭隘、自私、不善与人合作的心理。这样的心理表现出来，就是以自我为中心，同学之间互相指责，互相埋怨，见不得同学的成功。父母需要告诉你的是，存在着这样一些心理是错误的，你需要矫正自己，真正学会与人合作，在合作中获得双赢，真正体会到合作的快乐。

现代社会，对人才的要求越来越高，合作、竞争的意识等多方面都是不可缺少的因素。孩子，作为新时代的接班人，你们更应该学会与人合作，这样才会实现自己的目标，实现双赢的局面。

1. 成大事，需学会合作

俗话说："红花虽好，也要绿叶扶。"一个人的本事再大，也是十分有限的，只有依靠大家合作的力量，才能最终赢得成功。你只不过是社会中千千万万个人中的小小一员，仅仅凭着你一个人的能力是无法做成一件大事的，是难以成功的。无论是你现在的学习，还是你未来的人生之旅，都必须依赖与他人的交往与合作。

当你学会了合作，你就明白与他人合作是一件多么让人愉快的事情，比自己优秀的，你可以从他身上学到很多的东西；而比自己差的，你可以帮助他，你的内心也能获得快乐。这样一来，班上的每一个同学都是你的学习伙伴，都是你的合作者，最终，你们共同采摘着成功的果实。

2. 1+1 大于 2

合作其实很简单，不过是把自己的成功分享给其他人，而自己也能在分享中获得益处。但合作却非常重要，如果你拥有了合作的精神，你就会很快地适应这个集体，并发挥出积极的作用；如果你缺乏合作精神，那么你会就步步艰难，举步维艰，难以成就大事。孩子，你所面对的社会是一个充满了竞争的社会，但同时也是一个更加需要合作的社会。

1+1 大于 2，这是一个神奇而又合乎情理的道理，一旦你掌握和运用了这个道理，就能够产生巨大的推动力。学会与他人合作，心中想着别人，想着集体，有自我牺牲的精神，那么，你就能成为成功的合作者。

乖巧的女孩懂得与人分享

分享是美德

周末，妈妈带着潇潇去商场挑选了一台崭新的笔记本电脑，并打算将这台电脑留给女儿学习用。潇潇可高兴了，一回到家就开始玩自己的电脑，一会儿查资料，一会儿听歌，一会儿看电影，一会儿玩游戏，简直玩得不亦乐乎。

不过，问题很快就出现了，每当妈妈和爸爸需要借用笔记本电脑的时候，潇潇总是拒绝："不是说给我学习用的吗？家里另外有电脑嘛，干吗用我的。"这是爸爸妈妈都很无奈，这女儿太宝贝那台电脑了。

这天，表妹来了，听说姐姐有了一台新的笔记本电脑，高兴极了，希望可以亲手玩玩，潇潇一听，刚才还高兴的脸马上就变了，说："不行，这是我学习用的，外人一概不准用。"小表妹嚷着要玩电脑，妈妈安慰说："让小表妹玩一下，又没有什么关系。"潇潇嘟着嘴："她什么都不懂，万一给我玩坏了怎么办，她赔得起吗？"妈妈有些生气了："这孩子，表妹玩个电脑，你就不高兴了，像你这样，怎么交得到朋友啊。"潇潇不说话，但还是不让表妹玩电脑，妈妈很苦恼，孩子怎么会变成这样了？

::送给青春期女孩的话::

在日常生活中，许多女孩子都有着这样的特点：表现得非常霸道，独占欲很强，喜欢一个人玩，在游戏中经常把许多东西放在自己的周围，并常常对那些企图玩自己东西的朋友说"这些东西都是我的！你不能玩！"这样的女孩子不会与他人分享，也自然体会不到分享的快乐。

虽然，那些不喜欢分享的"小气"孩子并不少见，而且"小气"也不算是什么大的缺点，但如果一个女孩子什么都不愿意与他人分享，独占意识很强，她是很难与别人形成良好的人际关系的，这对于女孩子今后的发展也有着极为不利的影响。女孩学会分享，关键在于体会到分享的甜头，让自己在与他人分享中获得快乐。久而久之，女孩就会主动与他人分享东西，也就养成了喜欢分享的良好的行为习惯。

1. 养成家人共享的习惯

不管自己有什么好吃的、好玩的，一定要养成家人共享的高习惯。不要总是一个人独享，这只会不断地强化独享意识，而学会将好东西与家人一起分享，就能从中享受到分享的快乐。所以，请从现在开始学会与父母分享好东西吧，不要总以自我为中心。

2. 自己并不特殊

在日常生活中，许多女孩在家里搞特殊化，好像自己就是最特殊的。其实，这时应该多想到父母，以及兄弟姐妹，懂得人与人之间相处是建立在平等的基础之上的。明白好东西应该与大家一起分享，不能只顾自己而不顾别人。

3. 在分享中获得互利

许多女孩子之所以不愿意与别人分享，是因为她觉得自己分享了就意味着失去，这时候，尽管分享是暂时的失去，不过这只是一时的。分享本身并不是失去而是一种互利，分享体现了自己的大度与关怀，自己与别人分享了，别人也会回报自己的大度与关怀，这样在分享中获得一种快乐。一旦女孩在分享中获得了互利与快乐，她就会乐于与别人分享自己的东西。

4. 学会与他人分享

当女孩与其他朋友一起玩时，要大方宽容，养成关爱他人、谦让友好的行为习惯。另外，学会与他人分享，当自己表现出分享的行为时，会受到身边人的称赞，从而当自己感受快乐时，你会明白，分享远比占有快乐。

女孩儿该如何轻松面对陌生人

落落大方显淑女风范

星期天上午,爸爸妈妈都出门了,莎莎一个人在家睡到了十点半,晃晃悠悠地起床了,洗漱完毕之后,惬意地躺在沙发上看电视。正在她看到精彩剧情的时候,门铃响了,莎莎直嘟哝:"难道爸妈出门忘了带钥匙了?"打开门,却看见一张陌生的面孔,莎莎有些惊讶,隔着铁门问道:"请问你是谁?"眼睛里满是警惕,那中年男子笑着说:"你是莎莎吧,我是你爸爸的同事李叔叔,你爸爸在家吗?"

李叔叔?莎莎想起了爸爸经常提到的名字,她又试探了一遍:"您是李岩,李叔叔吧,您进来吧。"那李叔叔点点头,随着莎莎进了屋,见到屋里没有人,他向莎莎问道:"你一个人在家吗,你爸爸呢,我来找他有点事。"莎莎拿着杯子在饮水机那里接了杯开水,双手端给李叔叔:"李叔叔,请喝茶,爸爸和妈妈出门买东西去了,一会儿就回来,您先坐着等一会吧。"李叔叔接过了开水,直夸奖:"莎莎真懂事,作业都写完了吗?""还没有呢,下午再写点就完成了……"莎莎坐在沙发上与李叔叔聊了起来,一会儿她还跑进书房拿了爸爸的香烟,递给了李叔叔。

::送给青春期女孩的话::

现实生活中,许多女孩子见到陌生人,就会满脸紧张、焦虑,因为她们从小就被教育"不要和陌生人说话"。孩子从小与爸妈相处,长大之后也就多了同学和老师,在他们有限的交际圈子里,接触的陌生人比较少,不可避免的,他们对陌生人多了戒备。有时候,看见了陌生人,总会因心中胆怯而不敢开口，不然就是结结巴巴，说不上几句话。这样的情况，难免会被人评价"这孩子，连话都说不好"、"现在的孩子，一点也不擅长交际"。其实，人际交往就是这样，许多人都是从"陌生"到"熟悉"的，并不是说所有的陌生人都是坏人，也并不是说所有的陌生人都是好人。但是，无论如何，当我们在面对他们的时候，应该要做到轻松不紧张：如果对方怀有不利企图，我们可以很好地保护自己；如果对方是值得交往的朋友，那我们则给对方留下了很好的印象。

作为一个青春期的女孩子，应该学会交际，特别是与陌生人的交际，这是一项生存的法则。因为当你成年之后，你不可避免地会接触到越来越多的陌生人，你的生活圈子不再是爸妈、老师、同学那么简单了。在纷繁复杂的社会交际中，轻松与陌生人交流，成为了一种本领。

1. 作为青春期女孩子，如何与陌生人进行轻松的交流

在与陌生人接触的时候，你需要做的就是拉近彼此之间的距离感，消除内心的紧张情绪，把心态放轻松，把对方当成朋友，平等地对待，主动找到共同的话题，这样就没有了陌生感，也可以培养亲近感。当你这样做了，你会发现与陌生人交往并没有想象中的那么可怕，只要你鼓足了勇气，勇敢说出第一句话，那么接下来就轻松多了。

如果你所遇到的陌生人对你怀有不利企图，那也应该以轻松的状态与之接触，化解对方心中的戒心。等对方完全放松下来之后，你再找机会摆脱对方，或者，寻找机会报警。总而言之，在面对陌生人的时候，要学会自我保护。

2. 与陌生人轻松交际是一种能力

随着时代的发展，我们的社交习惯和方式也发生了变化，在日常生活中，一些陌生人逐渐成了自己的合作伙伴，交际应酬也成了生活中不可缺少的环节。因此，从你们现在这个年龄开始，学会大方与陌生人交流，这是培养你们的交际能力。

很多时候，你不要固执地把"不要和陌生人说话"当作社交口号。在这样的思想下，时间长了，你与陌生人接触时就会变得不自在，一种出于心理

上的焦虑就开始了,这样的恐惧情绪上升到一定的程度会成为一种自闭性格,而且,还会影响到你以后的工作和生活。

青春期女孩,请远离社会青年

他很有魅力吗

小文,高二年级的学生,她是那种性情随和,喜欢交朋友的女孩子。小文花了很多时间在朋友身上,如果有朋友叫她帮忙做什么,即便她自己有事也不会推托,会先帮朋友的忙然后再做自己的事情,小文认为这样很有成就感,能够帮朋友做事自己也很开心。

其实,小文的成绩并不差,平时学习也比较用功,年级排名在中偏上,她就读于一所普通中学,还是班里的学生干部。但是,望女成凤的父母并不满意现状,对她有更高的要求,为此常常和她发生冲突。小文觉得很困惑,她觉得自己已经够努力,为什么父母还是没完没了地指责她呢,对自己一点也不理解。心情苦闷的她花了更多的时间来交朋友,最近,她还认识了不少社会上的青年,认为那些社会青年十分有魅力。

上周,小文突然宣布不想上学了,理由是成绩下降了,读不进去了。实际上,父母明白小文的心已经不在学校,她和外面的一些不良社会青年结交成朋友,讲"义气"。从周末到现在,父母一直在帮小文做思想工作,但效果就是不明显,没想到孩子陷得如此之深,这是父母始料未及的。

::送给青春期女孩的话::

女孩子为什么会结交社会青年呢?

一位结交了社会朋友的女孩子回答说:"我觉得结交一些社会朋友挺好

的，但是，要看我们如何界定'社会朋友'这个词儿。我正准备高考，我所认识的都是已经大学毕业的大朋友，我对大学的向往使得我对他们颇有好感。现在，我面临着学习方面和父母方面的压力，虽然，这些可以找同学诉说，但同龄人面对的问题几乎是相同的。我们可以交流，但提不出有建设性的意见。相反，那些大朋友是经过磨炼的，他们的意见往往很实用。通过与他们交流，我觉得自己离目标更近了，心里也少了一些浮躁。"

还有的孩子，则完全是一种好奇的心理。青春期女孩尚未真正地进入社会，她们对于社会中的人和事都充满着好奇。如果在某些场合结识了社会中的人，她们会毫无防备地带着好奇心理陷入其中。针对这样的情况，孩子就很容易结识一些不良社会青年，极易被人利用，从而走上歧途。

1. 谨慎所谓的"社会青年"

女孩在与社会青年接触的时候，要提高警惕，对于那些有着不良嗜好、品性败坏的人，最好远而避之。你所谓看到的"有魅力"，其实都是不堪内在的伪装。不管通过什么样的途径认识的社会青年，都需要小心，以免上当受骗。

2. 远离社会青年

《颜氏家训》中有一段话："人在少年，神情未定，所与款狎，熏渍陶染……是以与善人居，如入芝兰之室，久而自芳也；与恶人居，如入鲍鱼之肆，久而自臭也。"在青春期，女孩子的思想与个性尚未定型，很容易受与之亲近的朋友熏陶，若交友不慎，定会荒废学业，且有可能使自己陷入危险境地。

第11章

成长多自省，管好自己才能飞

思想不集中、做事虎头蛇尾，都是青春期女孩尚不成熟的表现，也是缺乏自我管控能力的表现。自我管控能力是指在遇到问题需要解决时，可以协调自身，对事物做出客观的判断，并采取正确的方法去解决，这实际上是一种内在的心理能力。

女孩要学会管理自己的情绪

你是情绪的主人吗

今天要进行月度测试了,小娜早上很早就起床,拿着英语书在阳台上读了起来。一直英语成绩就不理想,总是拖自己的后腿,可心里又希望自己这次能考好,所以虽然读着英语,心里却是焦虑不安。妈妈看着用功的小娜,心里很高兴,忍不住夸奖:"宝贝,这次应该能考好吧。"谁不想考好呢?心里正烦着呢。小娜没有吱声,妈妈以为小娜没有听见,特意走出房间,来到阳台,问道:"复习好没有,快去吃早饭吧,吃好了,早点去学校。"小娜鼻子里冒出"嗯",就拿着英语书进了房间。

到了学校,小娜一边拿出考试的工具,一边趁着最后的时间看看英语单词。她眼睛紧紧地盯着英语书,也没有注意到同桌丽丽在弄墨水,小娜一个转身,不小心碰到了墨水瓶子,那墨水正好滴在了前些天刚买的新衣服上。小娜原本就焦虑的心情立马就火了,她大声责问:"你怎么搞的?没有看到我在这里吗?都快要考试了,偏偏弄出这样的事情……"说着,急得眼泪都快掉下来了。

::送给青春期女孩的话::

随着年龄的增长,社会阅历也有所增加,处于青春期的女孩子越来越渴望自己的自由空间。在这样一个人生的转折阶段,你们的情绪也开始变得难以捉摸。青春期的女孩子已经不再是小孩子了,她有了自己的想法,甚至有了自己的烦恼,不再是那个在父母呵护下的乖小孩了。生理上的变化,心理上的成长,都不可避免地成为她们情绪躁动不安的原因。随着她们身体上的发育，特别是性的发育成熟，青春期的女孩子体内积蓄了大量的能量，很容易兴奋过度，造成情绪上的不平衡。同时，她们神经系统还没有发育成熟，不能很好地控制和调节自己的情绪。所以，在这样的情况下，再加上某些事情的刺激，她们就很容易产生情绪或心理上的障碍，形成一种不良的心理，如果不能及时排解这种情绪，就会引发一系列身心疾病，影响到她们身心的健康。

1. 学会控制自己的情绪

虽然，这样的情况会随着你们年龄的增长而变得好转，情绪容易冲动的女孩子也会变得稳重起来。但是，在青春期，女孩子还是需要学会管理自己的情绪，做情绪的主人。青春期的女孩子处于升学阶段，免不了会因为考试而出现情绪低落、焦虑失眠、惆怅郁闷；青春期女孩子也处于一个叛逆的阶段，内心渴望独立，却时常被父母牵引，造成内心的反叛情绪。于是，父母不理解，老师难接近，同学不好相处，种种原因形成的负面情绪掌控着你们，经常会出现情绪冲动的现象。那么，如何恰当地、适时地化解这些不良情绪，做自己情绪的主人，保持平和的心态，意气风发地投入到学习中去呢？

2. 努力成为情绪的主人

学会做情绪的主人：增强自制能力，用理智控制住情绪。你可以通过自我暗示，控制不良情绪的产生。当你面对考试紧张、焦虑不安的时候，你可以反复提醒自己："沉住气，不要紧张，相信自己能行。"这样，你紧张的情绪就可以松懈下来了；当你与同学起了冲突，恶语伤人，甚至想出手打人的时候，你不妨反复告诫自己："不要生气，要冷静。"这样，你也可以遏制自己的冲动情绪，避免不良后果的发生。另外，你也可以选择一个人独处，尝试着与自己的情绪对话，学会接纳自己的情绪，及时改变自己的想法；也可以向父母或朋友倾诉内心的烦闷，发泄出那些不良的情绪；如果这样做还是无法排解自己内心的郁闷和焦躁心情，你还可以寻求心理医生的帮助。

做一个人人夸赞的勤快女孩

别做衣来伸手的"公主"

婷婷已经15岁了,平时在家里都是典型的大小姐类型。在婷婷小时候,妈妈觉得女孩子得多宠爱一点,于是家里大小事都不用她帮忙。就这样,直到婷婷15岁了,可最简单的做饭、洗衣都不会,妈妈很是头疼。

这天,婷婷又把放在卧室角落里的一大摞脏衣服抱出来,对妈妈说:"亲爱的妈咪啊,你帮我把这些脏衣服洗了吧!"妈妈无奈地说:"婷婷啊,你这么大的人了,也应该学着做点家务啊……"婷婷撒娇:"我学来做什么,我不是有你吗?"妈妈叹口气:"这孩子,以后嫁人了,也带着妈妈去给你洗衣服吗?"婷婷毫不在意地说:"我可以请个保姆,行了吧!"

:: 送给青春期女孩的话 ::

一般而言,当孩子在两三岁的时候既可以慢慢教会孩子学做自己的事情,到五六岁孩子就能基本自理了,再大一点就可以帮助父母做一些简单的家务了。"孩子才十来岁,让他做些家务事合适吗?"有不少父母表达了自己对孩子做家务事的矛盾心理,他们觉得应该从小锻炼孩子,让孩子做些家务活,但他们又觉得孩子还比较小,不知道让孩子做些家务是否合适。其实,教育专家建议,孩子应该从小就培养他做家务的意识,父母应该相信孩子会做好,放手让孩子做一些力所能及的家务活,比如,帮父母拿衣物、鞋子、小凳子,如果孩子有兴趣,也可以教会孩子扫地、擦桌子、折衣服等,培养孩子爱劳动的好习惯。而且,在做家务的过程中,孩子本身也会感受到乐趣。

女孩学着做一些力所能及的家务活,可谓是益处多多:首先,这样有利于培养女孩的自立意识和独立生活能力。现在，大多数孩子都是独生子女，宠爱孩子的父母会把衣食住行都包办代替了，这样下去会让孩子缺乏应有的生活尝试，生活自理能力也很差，一旦离开了父母就会变得无所适从。

其次，女孩干一些力所能及的家务活，有利于训练她的手脑协调功能，让自己在手和脑的不断循环中相互促进，增加女孩动手动脑的能力。最后，在帮助父母干家务活的过程中，让女孩体验到劳动带来的苦与乐，丰富了孩子的课余生活，而且，也为女孩提供了一个体验父母生活的机会，让孩子懂得感恩，懂得珍惜每一天的生活。

1. 学会自我服务

有的女孩认为自己还小，可以不做什么事情。其实不然，因为你总有一天要离开父母的庇护，展开翅膀自由飞翔。所以，从小学会独立生活的能力，自己的事情自己做。即便自己年龄尚小，也可以学会自己做饭、洗衣服、整理房间、收拾整理玩具学习用品。在这个过程中，可以要求父母做示范，自己跟着学习。

2. 主动参加一些公益劳动

现在社会上都有许多适合孩子参加的公益劳动，这对于培养女孩养成劳动的习惯是十分合适的方式。女孩可以在周末时主动参加社会组织的一些公益劳动，比如植树、除草、扫雪，也可以去照顾附近的老人，为邻居做一些简单的事情，比如发报纸、取牛奶、照顾小朋友。让自己在劳动中获得快乐，让自己在劳动中学会帮助别人。

3. 学会做一些力所能及的家务活

女孩不要总以为自己的任务就是学习，家里的事情不用操心。其实，做一些力所能及的家务活可以让自己放松心情，真正地做到劳逸结合。女孩可以尝试做一些简单的事情，比如与父母一起打扫清洁、择菜、洗菜，还可以学会做饭，以及做一些简单的菜，到不远的地方买些日用品等，这样即便是父母外出了，女孩也能够照顾好自己。其实，这些事情在孩子看来是新鲜的，也是快乐的，她也会有成就感，觉得自己能帮助父母做事了。

教育专家指出，女孩子适当地参加家务劳动可以培养孩子的独立生活能力，增强她们的责任感，继而减少孩子的过度依赖心理，增强女孩子的独立性。所以，建议先从身边的小事就开始培养自己的独立意识，让自己学会独立生活的能力。

独立自主的女孩最美丽

我常常手足无措

小菲最害怕一个人在家里，假如遇到意外情况，小菲就会手足无措不知道该怎么办才好。每次和爸爸上街，她总是喜欢被牵着走，若是爸爸让他自己挑选礼物，小菲会说："你觉得哪个好啊？"爸爸察觉到女儿对自己太过依赖，独立自主性太差。

有一天，小菲要去买书包，她问爸爸："是买粉色的，还是买蓝色的？"爸爸说："你自己决定吧，以后，只要是买你的东西，都要自己决定。"

::送给青春期女孩的话::

在犹太法典上写着这样一句话："5岁的孩子是你的主人，10岁的孩子是你的奴隶，到了15岁，父子平等，就没有孩子了。"在犹太人传统的文化里，年满13岁的孩子都要参加隆重的成人仪式，表示自己是真正的犹太人了，需要开始承担宗教义务了。

女孩子具有了自立的性格，才能够快速适应独立的生活。女孩渴望独立，那就要放弃对父母的依赖，培养自己独立自主的性格。自立的性格是女孩子学会独立、自主生活的关键，假如女孩子在性格上喜欢依赖父母，不能承担责任，不会独立思考，这都会影响到女孩子以后各方面的发展。

假如女孩子每件事都要求父母来帮自己决定，这样就容易让自己产生依赖，没办法自主、独立地去做事情。这样的女孩子害怕遭遇挫折、承受压力，害怕尝试新事物，没办法面对突然的事件。培养独立自主的性格，女孩子需要脱离父母的庇护，学会选择、承担，能够自我服务，不盲目听从他人的意见，女孩子需要长大，需要学会独立。

女孩子缺乏自主的个性，主要是太过于依赖父母。女孩子遇到困难，总是想寻求保护，于是孩子就在这样的保护下失去了自我判断力、自我抉择能力、自我思考能力。最听话的孩子并不是最好的孩子。女孩可以要求父母不插手自己的事情，将判断和选择的权利掌握在自己手里。

1. 自己偶尔可以不听话

女孩子可以适当不听话，不讲理，因为这表示女孩子已经具备独立思考的能力。当孩子不愿意服从父母的命令时，可以向父母坦白自己的想法，只要自己说得有道理，父母是不会干涉的，这样女孩的独立性才会得以培养。假如女孩子每件事都听父母的，其实大部分只是在盲从别人的意见，这并不是一件坏事。

2. 建议父母别定太多的规矩

假如女孩想要获得真正的独立，那就建议父母别定太多的规矩。因为女孩子想要获得独立的性格，需要更多的是自由，父母总是定规矩，那女孩子的个性就会被束缚。这样可以申请很多自主权，比如只听从"做完作业再玩"、"照顾好自己"此类的命令。这样的女孩成长起来就是自立自强的孩子。不管是生活还是学习，这样的女孩子都能打理得井井有条。女孩子想要自立，就要多一些个人空间以及空间，建议父母减少规定，就会让自己拥有更多的自由，而自由的氛围是利于女孩"自我"，也就是自主性的发展的。

3. 请对自己负责

独立的个性可以让女孩更积极地管理自己，她不需要摆脱被动地听话，等着他人来帮自己做决定。通常来说，那些不具有独立性的孩子，不自觉、自律地生活，长大后就会被社会淘汰。女孩要学会自己的事情自己负责，自

己解决，管理好自己的生活。一旦自己学会了自律，才能更加独立、自主地决定生活方式。

4.拜托父母不要插手自己的个人事务

对于自己的事情，女孩要自己解决，拜托父母不要插手自己的事务。虽然自己的选择有幼稚、不完善的地方，但即便再不成熟的决定，那也是自己的决定。女孩需要这种自我选择、决断的机会，而自己则会在失败中走向成熟，个人独立性也会得到有效提升。

反省是一种自我完善

:: 这样做对吗？ ::

小静每次考试失利了，她不懂得反思自己存在的不足，反而一味地向妈妈抱怨"这次老师改卷子太严了，不然那两分都不会被扣"、"这次真倒霉，我随便蒙了一个答案都错了，只能说我运气太差了"。如果妈妈说："难道就没有你自身的原因吗？"小静则会一脸无辜地表示："我最大的原因就是太认真了。"

平时小静会向妈妈抱怨："最近娜娜又不跟我联系了，也不知道她是怎么回事，平时娇里娇气就算了，没想到脾气也这样臭，真是不可理喻……"妈妈问："难道你自己就没有做得不对的地方吗？"

:: 送给青春期女孩的话 ::

海涅曾经说："反省是一面镜子，它能将我们的错误清清楚楚地照出来，让我们认真地思考自己的行为，并给我们改正的机会。"自我反省就是常常冷静地思考自己的言行，寻找自己所作所为中存在的不足和错误。一个人会不断地取得进步，就在于他能够不断地自我反省，善于认识到自己的缺点和不足之处，并及时采取措施进行弥补。自我反省是一种良好的行为习惯，也是每一个处在成长期的孩子所需要具备的一种良好习惯。如果一个女孩子不懂得自我反省，她就会一次又一次地重复相同的错误，在原地踏步，难以取得进步。相反，如果女孩子懂得了自我反省，她就会认真思考自己身上的不足之处，会更加注意下次绝对不会犯同样或类似的错误。

爱默生曾说："人类唯一的责任就是对自己真实，自省不仅不会使他孤立，反而会带领他进入一个伟大的领域。"女孩子总是习惯性地为自己找借口，害怕承认自己的错误，这时应有效地养成良好的自我反省的习惯，并对自己的行为进行反思，看看自己的所作所为是否违背了社会规范，是否存在着种种不足。自我反省的习惯对于孩子一生的发展都是有着积极的意义。

1. 理性应对错误

假如女孩犯错了，不要慌张，也不要着急。试着努力回忆事情的真相，平静地回忆，进行深刻的自我反省。若这时父母横加指责，女孩可以坦白自己的想法：我知道自己错了，不过我想搞清楚自己到底错在哪里？下次如何防止错误的发生？这样回答，想必父母就不会再说什么了。

2. 培养自我反省的习惯

子曰："吾日三省吾身——为人谋而不忠乎？与朋友交而不信乎？传不习乎？"女孩每天都反思一下自己的所作所为，总结一下自己的行为表现，想象自己有哪些是做得不对的，哪些是需要改进的，且应该怎样改正和挽回那些错误。让自己养成这样一种习惯，时间长了，女孩子就不会犯同样或类似的错误，而且也能够分辨是非真伪了。

3. 正确应对批评

尽管女孩子们都喜欢听人夸赞，不过一味地夸奖只会滋长孩子内心的骄傲情绪。此外，假如总是得到夸奖，时间长了，女孩就难以接受别人的批评了。所以，女孩应该明白，批评与赞赏一样，这是父母的教育方式。不管是

赞赏还是批评，我们都要虚心接受，明白自己错在哪里，坦然接受别人的批评，以"有则改之，无则加勉"的心态来接受批评。

养成珍惜时间的好习惯

总感觉时间很少

曼曼拖沓的毛病好像从 6 岁就开始了，到现在已经比较严重了。每天早上起来之后，让她刷牙洗脸她总当耳边风，总是要说个千百遍，还得拉下个脸，她才会不紧不慢地开始做。妈妈简直没办法忍受女儿的磨蹭，妈妈真怀疑给我女儿起名"曼曼"起错了，所以她才会那么慢吞吞的。

其实，曼曼也不是凡事都拖沓，对自己感兴趣的事情她总是很积极，比如看书、电脑游戏、拼图等，动起来比谁都快，而且做起来很认真。但是，一旦让她洗脸刷牙、洗手吃饭，她就很慢。真不知道她为什么会这样？

::送给青春期女孩的话::

养成良好的时间观念是一个人做事成功的基本前提，不过这并不意味着全部。特别是对女孩子而言，良好的行为习惯是多方面的。不要认为生活中的点滴行为不重要，这一举一动对形成一些好习惯起着至关重要的作用。不要忽略这些行为，或根本不管，最后错误的行为诞生了，就形成了许多坏习惯。

女孩子从小要养成珍惜时间的良好习惯，所谓"一寸光阴一寸金，寸金难买寸光阴"，时间比金子还宝贵，不仅要明白这个道理，而且要懂得：时间对我们每个人都是平等的，谁有紧迫感，谁珍惜时间，谁勤奋，谁就可以得到时间老人的奖赏。

1. 提高学习效率

女孩子若想提高效率，需要科学地利用大脑。因为用脑的时间长了，大脑会变得迟钝。通常自己学习一个小时左右，大脑就会疲倦，如果这时依然继续学习的话，学习效率是较差的。所以，女孩子要学会交替学习，这样大脑各部分就可以得到轮流休息，从而达到提高学习效率的目的。

2. 善于利用时间

对于一些事情，最好是用整体的时间，一气呵成，最后才能出成果。对此女孩应该善于利用时间，比如女孩在计算一道很困难的数学题，假如每天思考一会，又去干别的事情，那第二天再来思考的时候，就又会记不得昨天的思路，这样就会很耽误时间。

3. 避免养成磨蹭的习惯

女孩只有在体会到磨蹭会给自己带来损失之后，她才会自觉地快起来。假如品尝到磨蹭带来的后果，或为自己磨蹭付出了代价，才会自觉地养成好习惯。假如女孩有赖床的习惯，天天赖床，总有一天上学会迟到，当自己亲身体验上学迟到的后果，诸如被同学取笑、被老师批评，女孩就会意识到磨蹭给自己带来的害处了。

4. 巧妙利用倒计时

对于女孩来说，有的事情是硬性的任务，必须在某个时间段完成，这就需要女孩利用"倒计时"的方法来安排时间。比如，在一个月之内必须做完的事情，可以算算还有多少天，规定每天做多少，当天没有完成的话，需要及时补上。明白假如不能按时完成，错过了机会，那就前功尽弃。

5. 给自己适当的压力

缺乏适度的紧张感是很多女孩子做事磨蹭的原因之一，我们可以在生活中给予自己适当的压力，让自己的神经紧绷一些，让自己的生活节奏快一些。比如按照具体情况，可以给自己的洗漱、穿衣、吃饭和写作业等增加计时活动，做这些事情需要多长时间，事先预计好，然后要求自己在规定的时间里保证质量完成。假如做得好，可以适当给予自己一些奖励；做得不好则给予

一定的惩罚。

6. 保持一个规律的作息时间

女孩子的心理过程的随意性较强，自我控制能力比较差，经常是一边吃饭，一边看电视。一件事情没有做完，心里已经开始想到另外一件事情了。这时若不引起重视，就会养成拖沓的坏习惯，而良好的作息习惯是养成时间观念的前提，女孩可以制定一张作息时间表，什么时间起床，洗漱需要多长时间，吃早餐需要多少时间，放学后做什么，几点睡觉，做出合理的安排，只有将作息时间固定下来，形成习惯，女孩就会对时间有一个明确的认识，养成良好的时间观念。

女孩要经营自己的财商

如何理财

小艾生活在一个幸福的家庭，爷爷奶奶有社保，爸爸妈妈有公司，一家人的小日子过得幸福而充裕。可能是因为家境好，小艾养成了花钱大手大脚的坏习惯。什么好买什么，什么是名牌买什么。花钱从不算计，更别谈节约了。小艾在好朋友丹丹的生日时，一下子就送了200多块钱的礼物，吓得朋友收也不是，不收也不是。平时父母一个月给小艾500元，她总是花得一干二净，而且还总是不够。今年小艾的父母做了亏本生意，一下子把钱都赔进去了。小艾没有了以前的零花钱，每天磨着妈妈要，可是妈妈兜里也没钱了。妈妈想知道怎么改变女儿花钱无节制的缺点，让她也学会理财呢？

::送给青春期女孩的话::

北京最近进行的一项调查显示，绝大多数的女孩子都有零花钱，九成以上的孩子存在乱消费、高消费、理财能力差的问题。在相当多的家庭，青春期女孩消费水平高于家庭人均消费水平的情况是客观存在的，特别是独生子女家庭中。这些女孩子不仅存在高消费，而且在家庭消费决策中的影响力也越来越高。

随着独生子女的增多，一些孩子在消费方面存在许多问题，比如不知道钱财来之不易，花钱大手大脚，盲目攀比名牌时尚等，这些都不利于她们健康成长。为了女孩未来健康地成长，提高自己的财商是非常有必要的。

在当今市场经济的新形势下，每个女孩必须从小树立正确的金钱意识，懂得金钱需要用劳动去获得，而且要学会节约用钱，绝对不能胡乱消费，从小就要有意识地培养自己自主理财的能力。女孩提高财商的目的并非为了学会攒钱，或以后经商，而是让自己成为一个能干、健全、有自制力的人。

1. 有计划地花钱

现代社会的女孩子大部分是短暂快感的追求者，通常的家庭是父母给多少孩子就花多少，花没了再找大人要。结果女孩子是钱越花越多，越觉得不够花，花起钱来更是没有节制。因此，女孩子使用零花钱的计划性也比较重要，可以提出原则，具体内容由女孩负责。女孩子使用零花钱要学会怎么样预算、节约和自己做出消费决定的重要手段。这样做可以防止自己乱花钱，同时还能培养自己把钱用在刀刃上的好习惯。

2. 不能索取太多的零花钱

不管女孩子的年龄多大，家庭经济条件怎么样，花钱都不能没有节制，女孩向父母索取零花钱都不能太多。零花钱的多少需要有个度，按照自己的年龄以及一周的消费预算来确定。比如买零食、日常必需的开销、午餐、车费和买学习必需品的费用，适当增加一些额外的钱以防万一。对于自己过年时所领取到的压岁钱，数额会超出平时零用的金额，可以听从父母的建议将钱存入银行，避免自己毫无节制地花钱。

3. 理智购物

女孩子在购物方面可以学习父母，货比三家，最后买到物美价廉的东西。

当然，在这个过程中，女孩子可以向父母了解这其中的差价成为商家的盈利的证据。如果是年龄大一点的孩子，通过这样的购物可以让她们在自己支配零花钱时更节约。

4. 适当开支自己的生活

许多孩子生活在一个非现实的经济世界，因为家里有许多的生活开支没有让他们承担。而等到他们长大之后，他们不得不自己付房租、水电费、买食物和衣服以及交通费，这时则会因缺少经验而束手无策。对此，对于年龄大一点的女孩子可以学会买日用品，为家里买菜、交电话费等。还可以看看家里的账簿，看看家里的钱是怎么花的，这样就可以了解如何管理家里的财政大权。

5. 教会女儿学会储蓄

美国有一本畅销书叫作《钱不是长在树上的》，这本书的作者戈弗雷在谈到储蓄原则时指出：孩子们可以把自己的零花钱放在3个罐子里。第一个罐子里的钱用于日常开销，购买在超级市场和商店里看到的"必需品"；第二个罐子里的钱用于短期储蓄，为购买"芭比娃娃"等较贵重物品积攒资金；第三个罐子里的钱则长期存在银行里。可以请求父母陪自己去银行存钱，以自己的名义开一个户头。当女孩在铅印的存单或存折上见到自己的名字时，他们会感到自己长大了，变得重要了。

在通常情况下，女孩到六岁的时候，就应当能够懂得，银行并不是"要拿走"他们的钱，而是把他们的钱安全地保管起来，并且还会给他们支付利息。女孩可以以自己的名义开一个账户，自己拿着存折，自己负责如何使用。这样可以帮助自己养成终生储蓄的好习惯，促使自己长大后可以妥善保管自己的钱。

6. 给自己的开销记账

很多女孩子花钱没有计划，甚至于花过多少钱，都干了什么，丢没丢失，都不知道。所以女孩子应该学会"记账"。"记账"并不是说要父母查自己的账，但至少要知道钱到底花到什么地方去了，这样有助于女孩形成计划花钱的习惯。而且，在花零用钱之前，女孩应该把必需品大致列出来，这样就不至于买了一大堆东西，钱都花完了，才发现真正需要的东西还没买。

7. 与父母一起开销大的消费品

假如自己想要买个昂贵的东西，而又征得父母的同意，可以建议与父母一起开销。比如父母出大部分，自己从自己积蓄中拿出小部分，一起购物。这样女孩子觉得其中有自己的功劳，就会非常高兴，有助于培养自己节约积蓄的好习惯。

8. 体验自己当家的感觉

俗话说：不当家不知柴米贵。女孩子可以向父母了解每周家庭的生活费用，也可以提出要求让自己当一周的家，自己支配一周的生活费，让自己体验一下生活，分配金钱的支出结构，这样有利于自己形成正确的消费观。

9. 体会父母的辛苦

当女孩从父母手中拿过零花钱时，应该明白这些钱是父母辛苦工作挣来的，要珍惜它，不要随便浪费掉，明白金钱得来不易，同时了解父母的工作情况。假如情况允许，女孩可以到父母工作单位去看看，明白若要生活就必须工作，这些钱是父母辛苦的工作换来的。

否则，女孩子不知道父母怎样获得家庭收入，看不到金钱背后父母的付出，就不容易养成节约的习惯。有时女孩可以要求父母对自己公开家里的财务情况，在举行家庭财务会议上许诺自己绝对保守秘密。了解家里的财务情况，了解家里每个月的开支情况，这样可以有利于女孩思考自己是否真的应该购买一些无用处的东西。

劳逸结合但要玩乐有度

学习和玩需要有限度

早在这周一的时候，班上的同学就在商量着组织全班去春游，这个提议是班主任提出的，主要是为了让同学们散散心，缓解一下考试带来的压力。同学们听到了这个提议，当即高举双手赞成，月月更是高呼着"万岁，万岁"。于是，从周一到周五，大家一下课就叽叽喳喳地讨论着去哪里，到周五的时候，确定了去一个郊外的风景名胜区，来回正好一天。老师表示："希望同学们能够玩得开开心心，当然，也要学得痛痛快快。"下面的同学早把学习抛到了九霄云外了，教室里乱成一锅粥。

周末，月月和同学们玩得太疯，完全忘记了作业的事情。周日吃过晚饭，月月惦记着那两张数学卷子，连忙到书房开始学习。爸爸轻轻地推开书房的门："还有作业没有做吗？"月月低头写着卷子："嗯，就两张卷子。"爸爸一边看着她写卷子，一边说："在知道有作业的情况下，应该把作业写完之后再去玩，像你这样，今天熬到深夜，又把明天的课程给耽误了，得不偿失。"月月羞愧地低下头，心想：这个周末玩得太疯了，爸爸说得很有道理，下次可要注意玩和学习的度。

∷ 送给青春期女孩的话 ∷

爱玩是孩子们的天性，特别是处于青春期的女孩子，因为已经懂得了怎么玩，怎么样让自己尽兴，所以在很多时候，都希望在生活中抽出更多的时间来玩耍，而把学习抛到九霄云外。其实，青春期的女孩子喜欢玩耍，这是情理所在，是应该的，但是，正处于青春期的你们，也应该学习，这也是必须的。这样的情况下，关键就在于你们如何是协调学与玩之间的关系。当然，作为一个即将升学的中学生，应该把学习放在首位，那么是不是就不能玩了呢？当然不是，学习固然重要，休息也很重要，你不能每天面对着书本习题，也不能整日埋头于学习之中。这时，就需要适当的玩乐来调节你的精神状态，比如爬山、郊游、运动，这些都是学习之余的休息方式，你可以在玩中放松自己，化解学习上带来的压力，也可以在玩中使大脑得到休息。酣畅淋漓之后，你会发现，自己有一种从未有过的轻松感，这样的精神状态再投入到学习中去，肯定能取得事半功倍的效果。

1. 掌握玩和学习的度

做任何事情都不要一个度，玩和学习也是一样的，不能玩得太疯狂，也不能没日没夜地学习。一旦超出了这个度，不是玩物丧志，就会因为学习压力而支撑不住。聪明的女孩子都会合理地支配自己的时间，既学到了很多知识，达到学习的效率，又能够痛痛快快地玩，这样才是最完美的搭配。所以，像月月同学明明知道还有作业，但把周末两天都用来玩乐，最后只好通宵赶写作业，这样又会造成第二天上课没有精神，顾此失彼，最终的结果就会影响到学习质量和效率。

2. 先学习，后玩

青春期的女孩子，首要的任务就是学习，在学习之余，你可以参加一些活动，做一些运动，使自己的大脑得到休息，给自己紧张的心理放一个假。当然，这样合理正确地安排玩与学习，是需要有一定的自控能力的。年少的你们，常常会经受不住玩的诱惑，内心自控能力较差的同学，还会因为沉迷于游戏而不能自拔。所以，这就需要你们学会控制自己，当你心里想着要去玩乐的时候，就要提醒自己，还有作业没有写完，当你把学习完成之后，才可以去玩。

这样来说，你也可以玩得尽兴，因为有的孩子虽然自控能力比较差，但心里还是会意识到这样把学习放在一边去玩是不对的，所以在玩的时候也惦

记着自己的学习，这样玩得不尽兴，学也没有学好。所以，你们要记住：认认真真地学，痛痛快快地玩，在学习中进步，在玩乐中放松。

第 12 章

女孩慎涉足，避开成长的危险禁区

在青春期这个极为敏感的年龄，有很多未知的、新奇的、隐藏着危险的禁区。但青春期女孩由于认知有限，也没有足够丰富的社会经验，稍有不慎，就会涉足这些危险的禁区，误入歧途，毁掉自己美好的人生。

女孩，请远离烟和酒

别轻易放纵自己

这个周末放月假，到星期五的时候，大家都在纷纷收拾行李准备回家了。小文和一些不住校的学生却没有这样的激情，因为天天回家习惯了，小文倒是很想知道住宿在学校的那种感觉。朋友微微背着自己的小挎包，跟小文耳语："放假了，我们准备轻松轻松，你去吗？"小文看着微微那神秘样子，也勾起了自己的好奇心。

于是，在放学后，小文随着微微来到了学校的后山，远远就看见几个女孩在那里吞云吐雾，走进一看，原来是年级上几个混得挺好的几个女生在一起吸烟。小文心里有点怪怪的，想着爸爸时常在耳边说的话，但看着她们那样潇洒的样子，心里又很羡慕。一个长发女孩随手递过来两支烟，微微伸手接住了，递了一支烟过来，小文心里一阵疑虑，矛盾着该接还是不接，微微拿出打火机点了烟，呛了一口烟，样子好像很痛苦。她对小文说："你也来一支嘛，尝尝味道，什么都需要了解一下。"那烟味喷在小文的脸上，感觉很奇怪，小文不自觉地就把烟拿了过来，学着微微她们点上了。

::送给青春期女孩的话::

喝酒抽烟作为成年人的应酬手段之一，其实对自身的危害是相当大的，尤其是身体正在发育的青春期女孩来说。青春期的女孩正处于迅速生长发育的阶段，身体各部位、器官都还没有发育成熟，神经系统、内分泌功能、免疫机能等也不稳定，这样的身体状况对来自外界的不利因素和刺激的抵抗能力是比较差的。所以，抽烟、喝酒对青春期女孩子的危害远远超过了成年人。

而且，青春期的女孩子抽烟、喝酒这样的行为也会直接关系到成年后的行为。

1. 吸烟对青春期女孩的危害

吸烟对青春期女孩的身体危害是多方面的，既影响了身体的发育，也会给成年之后的生活带来一定的影响。青春期女孩的大支气管比较直，所以烟雾很容易直接进入肺里，这样支气管和纤毛容易受到焦油的刺激，降低巨噬细胞的功能，因此，吸烟对青春期女孩的危害是很大的，主要表现在几个方面：

（1）危害大脑。

由于香烟里含有大量的尼古丁，当青春期女孩吸烟之后，这样一些尼古丁就会作用于神经系统，并产生暂时的麻醉效应，使你感到舒服。但这样的兴奋现象只是暂时的，之后就会麻痹与抑制大脑的神经系统，这样一来，大脑的思维、记忆与判断等机能都相应地减弱。另外，香烟燃烧产生的一氧化碳与血液中的血红蛋白结合成碳氧血红蛋白，影响氧的运送和供应，使大脑处于缺氧状态，进而影响到你们的学习能力。

（2）影响呼吸系统发育。

因为青春期女孩的呼吸系统还没有完全发育完善，对烟雾比较敏感且抵抗力低下。另外，由于烟雾的长期熏灼、刺激，呼吸器官的防御机制遭到破坏，易引发急、慢性呼吸道炎症。

（3）容易染上烟瘾。

当你从青春期开始吸烟，会比那些成年之后再开始吸烟的人更容易染上烟瘾，成为终身的吸烟者，也更容易对尼古丁产生依赖。这样一来，稍有不慎，还有可能染上危害更大的毒品。

另外，吸烟也会影响到你的外表和良好的精神面貌。因为吸烟会使牙齿变黄，让你感觉自己不干净，而你口中的烟味也会影响到你与他人的交际。另外，吸烟还使你看上去脸色苍白，显得少年老成，给人一种萎靡不振、颓废之感，也缺乏了青春期应有的朝气蓬勃。

2. 饮酒的危害

正处于青春期的你们，神经系统还没有完全发育健全，而喝酒就会造成

头晕、头痛、注意力涣散、情绪不稳、记忆力减退等，这对于正处于学习的黄金时期的你们是大为不利的。其实，酒对青春期女孩的危害远远超过了对成年人的伤害。如果你过量饮酒，还有可能对你的神经功能造成伤害。

除此之外，青春期女孩的食道、胃黏膜细嫩，管壁浅薄，对酒精比较敏感，饮酒会影响胃酸及胃酶的分泌，导致胃炎或胃溃疡的发生。而酒精进入人体后，要靠肝脏来分解，而你们的肝脏还没有完全分化，肝组织较脆弱，饮酒会破坏肝的功能，甚至引起肝脾肿大、酒精性肝硬化。饮酒后还会引起毛细管扩张，散热增加，抵抗力下降，易引起感冒和肺炎。

所以，正处于青春期的你们是心理、智力和体格快速发育的时期，所以要养成不吸烟、不喝酒的好习惯，这对于你们一生的健康都是很有帮助的。如何抵制来自香烟和酒精的诱惑，这就需要你们有较强的自制力，控制自己的行为，使之养成良好的生活习惯，避开香烟和酒精的危害。

"黄毒"不属于美好的花季

不明弹幕

最近几天，娜娜都因为学习上的相关事宜，晚上回到家的绝大多数时间都是在电脑上查资料。可不，今天老师又留了一道历史分析题，让大家回去在互联网上查阅相关资料，明天再把所做的功课交上去。娜娜打开电脑，习惯性地打开百度的窗口，就输进了老师留下的题目，出来了大篇的网页，她一个个地展开，又一个个地关闭，看了大半天都没有出现与老师所说的有关题目。

娜娜很泄气，也有点气愤，怎么还是查不到呢？她气愤地摔鼠标，却不经意碰到了一个网站，网页自动弹出来了，出现在娜娜面前的是惊人的一幕：

第 12 章　女孩慎涉足，避开成长的危险禁区

裸着身体的男女……娜娜只觉得一股热血涌上来，只呆呆地坐在那里，浑然忘记了自己在干什么。娜娜看得面红耳赤，连妈妈推门进来都不知道……

∷ 送给青春期女孩的话 ∷

青春期女孩子经常在网络上查阅资料、聊天，一不小心就会遇到像娜娜类似的事情。自动弹出的不明网页，好奇地点开它，原来里面是淫秽画面。其实，这就是专门为了诱惑你上当的陷阱，如果你按捺不住点开了它，并进行大量的浏览，那么这只会损害自己的身心健康。

1. 什么是黄毒

也许，你在报纸上、电视上经常看见"黄毒"这个字眼，却不知道它到底包含了什么东西，也不知道它的危害性。黄毒就是黄色、淫秽物品，是指宣扬男女之间不健康、不正当，甚至变态的性行为，毒害人的心灵，毒化社会风气，容易教唆人们违法犯罪的音像制品、报刊、书籍以及现在在网络上流行甚广的各种格式的电影文件等。如今，互联网的日益普及，使黄毒更成了蔓延之势，不可阻挡，也增加了青春期女孩接触黄毒的机会，虽说黄毒是不可能根除的，但是作为青春期女孩的你却可以约束自己。

2. 避免黄毒的冲击

由于青春期女孩正处于身心成长的关键时期，你们所具备的判断能力有限，当你无意中在网上浏览时，会对网络上的淫秽色情内容防不胜防，你们没有太强的辨别能力，很容易沉迷其中，不能自拔。而且这样的情况会影响到自己的生活和学习，造成无心学习、精神萎靡的现象，进而危害你们的身心健康。所以，当你在互联网上无意之中发现了色情内容，也需要克制自己的好奇心理，关闭网站，控制自己不受黄毒的诱惑。另外，你可以多参加一些有益的课外活动，在老师的引导下，参与积极向上的活动，避免网络淫秽色情的冲击。

3. 谨慎使用手机接收文件

除此之外，手机也成了传播黄毒的载体，现在很多孩子都有了自己的手

机，除了用来与父母、朋友联络感情之外，也用来互相发一些短信、彩信之类的。而这样的一个载体也经常被那些不法分子加以利用，如果你交友不慎，而他又沉迷于黄毒之中，就会不时地向你发一些黄色短片或黄色图片，彼此互相传播，使越来越多的女孩受到黄毒的危害。所以，作为一个青春期女孩，应该克制自己，既不能受黄毒的危害，又不能把这样的黄毒传播出去危害其他同学。青春期是一个美好的年龄，父母希望你们能在敏感的青春期平平安安，身心健康，这就是做父母最大的欣慰。

珍爱生命，女孩请远离毒品

可怕的人

晚上，露露慢慢地走在路上，一边欣赏着这个城市的夜景，显得无比惬意。到了楼下，正准备上楼的露露听到了阵阵细微的呻吟声，她心里一紧张，这黑灯瞎火的，谁还在楼下？露露定了定神，拿起自己的手机，借着屏幕微弱的光，走向呻吟声的来源处，照着那张惨白的脸，露露很惊讶，原来是邻居大哥哥。大哥哥比露露大3岁，本来今年已经该上大学了。但好像听爸爸说，大哥哥成绩下降了，又与社会上的朋友沾染上了恶习，被学校勒令退学了，爸爸还曾经告诫自己，不要与他来往了。

露露想着爸爸的话，又想起来小时候与大哥哥玩耍的样子，轻声叫道："哥哥，你在干嘛？"大哥哥看起来比较恐怖，脸色苍白，一副凶相，好像强忍痛苦的样子。大哥哥本来看着照亮的灯光，本想发火，可看见是露露，神色又缓和了下来："没事，你走吧，你爸妈应该担心你了。"露露看了看他，想再问，可又怕自己这样做很唐突，就回头慢慢上楼了。回到家才听爸爸说他染上毒品了，毒品？露露害怕地捂住自己的嘴。

第 12 章　女孩慎涉足，避开成长的危险禁区

∷ 送给青春期女孩的话 ∷

孩子，当你进入了青春期以后，来自社会的各种东西诱惑着你们，其中就包括毒品。特别是你周围的同学或者结交的社会上的朋友在尝试这一东西，而你经不住诱惑也会陷入其中。通过老师的讲解，参加一系列的活动，相信你已经明白了毒品的危害性。一个人只要沾染上了毒品，那么他的一生就完了，并不是说毒品的侵害性有多大，而是人的意志有限，在毒品面前往往会抛下意识，茫然地陷入另一个世界之中。因此，防患于未然，女孩应该远离毒品，珍爱生命。

许多孩子知道毒品是危害的，但你们所了解的这些都是凌乱的知识，缺乏具体的知识。毒品对女孩具体有哪些危害呢？

1. 毁灭自己

一旦毒品被摄入了体内，就对你的健康有着严重的损害，甚至会因为吸毒过量导致死亡。而且毒品对消化系统、呼吸系统、心血管系统、免疫系统都有影响，沾染上毒品可导致多种并发症的发生，比如急慢性肝炎、肺炎、败血症、心内膜炎、肾功能衰竭、心律失常、血栓性静脉炎、动脉炎、支气管炎、肺气肿、各种皮肤病、慢性器质性脑损害、中毒性精神病、性病及艾滋病。

毒品不仅对你的身体造成毁灭性的伤害，对你的心理也产生了严重的伤害。由于毒品的生理依赖性与心理依赖性，使得沾染上毒品的人很快成为毒品的奴隶，吸毒者生活的唯一目标就是设法获得毒品，为此无心学习。而且，长期吸毒会使他们精神萎靡，形销骨立，根本不像人样。所以，曾有人说：吸进是白色粉末，吐出来的却是自己的生命。

2. 殃及家人

一个家庭，只要有一个人沾染上了毒瘾，就会丧失人性，丧失了道德理智，为了购买毒品不惜向爸妈拿钱，甚至偷东西去买，甚至沦落为小偷、抢劫犯，让父母痛心。家中只要有了一个吸毒者，从此全家就会永无宁日，就

意味着这个家庭贫穷和充满矛盾的开始。

3. 危害社会

有人说，吸毒与犯罪就是一对孪生兄弟，一个人只要沾染上了毒瘾，他的眼中就没有了道德，没有了法律意识，偷东西、抢劫，严重危害着社会。而作为青少年，是祖国的未来，肩负着历史使命，应该积极贡献于人民，报效于国家，做一个对社会有用的人。

那么，作为青春期的女孩子，怎么来使自己远离毒品呢？

4. 远离毒品

毒品是不能根除的，但你却可以用行动来约束自己。不要随便与陌生人搭话，也不要拿陌生人给你的任何东西，因为这有可能就是一个陷阱；在学校，远离那些沾染上恶习的同学，不要与他们为伍；如果了解到身边朋友的父母有这样的恶习，也要与之保持距离，更不要随便出入他的家里。远离毒品，最关键的就是不要给毒品靠近你的机会，也需要你洁身自好。

遭遇校园暴力，正确应对

打架

中午休息，大多数同学都待在教室里，有的写作业，有的聊天，有的打闹，有的直接趴着睡觉。这时，小胖子急匆匆地跑进来，脸上青一块紫一块，眼神里满是愤恨，班上男生都围过去，纷纷问道："怎么了？小胖？""谁打你了？""这是谁打的，告诉我们，咱们打得他满地找牙"……平时与小胖子关系很好的燕子把抽屉里的卫生纸和水递过去，小胖擦了擦脸上的伤痕，隐隐作痛，他生气地说："高三那帮混蛋，就是我们经常在厕所遇到的那几个人，打扮怪异，阴阳怪气，今天我从学校外面进来，路过操场的时候，正

第 12 章　女孩慎涉足，避开成长的危险禁区

看见他们在一个角落抽烟，我不过是随便看了一眼，那个黄毛小子就叫道'看什么看，过来，小胖子'，我当时没有理睬他们，没想到他们几个马上丢了烟头，就冲过来把我摁倒在地。"

燕子听得心惊胆战，问道："当时就没有人吗？"小胖子没好气地说："中午，大家都在教室，就那几个人，有的胆小的看见打人早就躲起来了。""真受不了，咱们放学了找他们去。"班里一个男生扔下一句话，就出去了。燕子问道：难道你们准备以暴制暴？

∷ 送给青春期女孩的话 ∷

由于青春期孩子们的性格敏感，容易叛逆，而且凭着自己的年龄欺负弱小的同校生，酿成了不少的校园暴力事件。校园暴力也叫作校园欺凌，也就是发生在同学之间欺负弱小的行为，校园欺凌多发生在中小学，在校园暴力这一过程中，无论是被欺凌者还是欺凌者，他们的心态都会因为这样的行为而受到伤害，进而影响到自己的身心健康。

可能，有的孩子也会碰见小胖子这样的情况，无意之中就被高年级的同学给欺负了。而当这件事被班上同学知道了，激起了同学内心的好胜心理，在他们看来，打群架，为小胖子讨回公道是一种很讲义气的行为，也是自己作为同学应该做的事情。但是，当你在面对校园暴力，而想以暴制暴的方式来讨回自己的公道时，实际上这是十分不可行的，也是极为错误的做法。

1. 采取正当途径应对校园暴力

校园暴力牵扯到打架、斗殴，而这样的事件并不是还处于青春期的你们所能面对的，也不可能解决这个问题。你们的行为只会激化双方之间的矛盾，更有甚者，遇到一些残忍的凶徒，还会将自己的生命置于危险之中。所以，当你们在面对校园暴力的时候，千万不要与之进行正面冲突，你可以直接报告老师，让学校有关负责人来处理相关事宜，或者直接运用法律武器来捍卫自己的权益。使那些制造校园暴力的人受到相应的处罚，这就是对你最大的补偿。

2. 不要继续制造校园暴力

另外，虽然在校园里，你可能遭遇到校园暴力，但有时候，你也会不自觉地制造了校园暴力。特别是面对比自己年级低、年龄小的男孩子或女孩子，可能会忍不住在他们面前耍起威风来，其实，这也是校园暴力。所以，你也不要成为校园暴力的帮凶，欺凌一些比自己弱小的孩子。学校是学习的环境，不是打架、斗殴的地方；你们的任务是学习，也不是打架、制造冲突。所以，做一个称职的学生，把心思放在学习上，即便自己受到了欺负，也不要采用以暴制暴的方式，只需要运用法律武器就可以了。

女孩不要参与拉帮结派

可怕的群殴事件

最近几天，姗姗痴迷古惑仔电影，每天都在欣赏陈小春、郑伊健的精彩表现。姗姗觉得这才是真男人，才是值得看的电影。有天早上，姗姗还没有走到学校门口，就听许多学生说"前面出事了，打架了"。姗姗加快了脚步，远远地看着同学站在那里，地上还有血迹，姗姗问道："出什么事情了，谁跟谁打架了？"同学回过神来，拉着姗姗就走："先走吧，别留在这是非之地，今天我可看见了最真实的古惑仔，太残忍了，我们年级那几个男生与社会上的青年火拼了起来，谁知道对方还带了刀子，有个人被刺中了一刀，刚才校长都来过了。"姗姗越听越觉得有些害怕，虽然古惑仔电影里面的场面让人热血沸腾，但就这样真实地出现在眼前，真是让人接受不了。

:: 送给青春期女孩的话 ::

正处于青春期的你们心理还没有完全成熟，特别容易在同类群中拉帮结派，意气用事，甚至酿成群殴事件。其实，同学之间在一起学习和玩耍本来是正常的，也是无可厚非的，但是，如果成群结队在一起，误入歧途，这就需要引起警惕了。有的孩子认为，现在社会上打架的人比较多，而一个人又经常容易被人欺负，不如与同学结成帮派，联合起来，这样就不用怕别人了；还有的孩子则受了古惑仔电影的影响，觉得成立一个帮派，做一个大姐大，身边有很多小弟，这是很威风的事情。

于是，许多孩子在这样思想的领导下，开始拉帮结派，并单纯地认为这是够哥们、讲义气，浑然不知这已经为自己走上邪路作了铺垫。因为有了帮派，就会多了生事的机会，多了冲突的概率，经常是两个帮派之间因为一点小事情，就大打出手，酿成流血事件，这对于父母来说，都是不愿意看到的后果。

拉帮结派，实际上已经构成了轻微的犯罪，这是一种非法集会，这在学校、社会是不被允许的，也是明令禁止的。所以，作为青春期女孩，千万不能因为意气用事，在同学们之间拉帮结派，称大姐、做小弟，这些所谓江湖的行为实际上很幼稚。你是一个中学生，首要任务就是好好学习，与同学之间组成学习的团队，这是非常好的，可以促进互相学习，互相监督，但拉帮结派去打架、聚会，这就是错误的行为。如果你继续这样的行为，只会在歧途上越走越远，最后成为同学们的反面教材，流落成一个社会上的混混，你的一生已经毁了。另外，青少年认知能力不够，容易在帮派首领的怂恿下，干出一些无法挽回的事情，甚至作出伤人的行为，使自己后悔莫及。

所以，作为一个青春期的女孩子，你需要身心健康，更需要学会明辨是非，面对来自帮派的"邀请"，千万不要参与到其中，否则只会让自己在错误的道路上越走越远，甚至没有回头的机会。

谨慎对待虚拟世界的诱惑

难以戒除的网瘾

小娥今年16岁，在一所当地重点中学读书。本来，她成绩还不错。可自从她上了初中三年级之后，就渐渐地迷恋上了网络，从此一发不可收拾。有时候，为了不让小娥去网吧玩，父母拒绝给她钱，以为这样可以让她远离网络，但是，她竟然偷偷地从父母钱包里拿钱去网吧挥霍。后来，竟然发展到了彻夜不归，沉浸于各种网络游戏的快乐之中。她的成绩也从一开始的中上水平直接降到全班倒数几名。为了不让女儿继续这样下去，父母放下工作，好几次深夜走遍小区周围的网吧寻找她的踪影。

如今看到女儿这样的情况，父母很不甘心。也曾多次向相关部门投诉网吧接纳未成年人，也惩罚过她，却还是制止不了小娥偷偷去上网。他们一直就搞不清楚，网络到底有多大的迷惑性，把孩子害成这样？

∷ 送给青春期女孩的话 ∷

随着互联网的普及和上网人数的增加，因过度沉溺网络而造成的网络成瘾现象引起了社会的广泛关注。而其中，以青春期女孩子的网络成瘾问题尤为引人关注。由于女孩子过度沉溺网络，导致了学习成绩下降、行为变异，并出现各种心理障碍。当然，青春期女孩网络成瘾的原因是多方面的，比如网络本身的诱惑、青春期女孩的心理特点等。

表达情感的心理

情感表达是青春期女孩一个重要的心理需求，她们通过网上与人聊天，可以使她们隐藏在内心深处的需要得到满足。与网友的交流中，她们得到了情感交流、尊重和满足感。在网络里，她们表达情感的方式主要是聊天，无论爱好兴趣是什么，她们都不会感到孤独。

心理宣泄的需要

随着学习竞争的日益激烈，老师、父母对孩子学习成绩要求越来越高。青春期女孩在这样的情况下心理承受着巨大的压力，许多女孩子因为学习不顺利、人际关系紧张等，弄得自己很不安。而网络隐匿性、开放性的特点给孩子们适时转移、倾诉和宣泄自己不良情绪提供了机会和场所。上网逐渐成了孩子们释放心理压力、松弛身心的一种方式。

需求自我价值感

社会心理学家认为，为了使自己的人生具有价值，获得明确的自我价值感，人需要了解别人，需要通过别人来了解自己，需要爱与被爱，需要归属和依赖，需要有机会显示自己的优越和展现自己的优点。许多女孩子对自我价值感不满足，而网络这个虚拟的世界可以给他们满足自己的价值感提供了机会。

娱乐心理

网络被称为继报刊、广播和电视之后的第四媒体，它集文本、声音、图像、动画等形式于一体，孩子们可以在网上参加游戏、聊天、听音乐、看在线播放电影、读娱乐性网上文章。网络如此多元的特点正好与青少年具有的好奇、喜欢刺激，对新事物接受反应迅速，强烈的求知欲的心理特征相匹配。

1. 激发自己的潜能

许多女孩子在学习上比较挫败，这让她觉得自己很没用，进而会将注意力集中到网络世界中。这样的女孩子，她应该善于发现自己的特长，激发自己的潜能。比如，女孩的文章写得不错，就参加文学活动。一旦自己在活动中获得了成功，就会大大增强她的自信心。

2. 培养自己的兴趣爱好

假如自己沉迷网络之后，不妨将激情转向自己的兴趣爱好。比如，女孩以前就喜欢画画，你不是最喜欢画画吗？一位著名画家在图书馆开了一个画

展，周末去瞧瞧？这样有意识地培养自己的兴趣爱好，转移自己的注意力。

3. 多参加健康的娱乐活动

女孩天天面对着电脑，她的精神和心理都处于一个颓废的状态。这时，女孩可以与父母一起去郊外走走，散散心，呼吸新鲜空气，领悟到生活的美好。转移女孩对网络的注意力，需要多参加健康的娱乐活动，比如打打球、做做游戏等。

多参加一些有益于身心健康的活动，比如体育运动、摄影、艺术类活动等，如果女孩能感受到生活中的亲情、友情，接触到更有益的事情，就不会沉迷于虚拟的网络世界了。一般来说，女孩短时间不接触网络就会想，但如果有东西替代，即使很长时间不玩，也不会想了。

4. 尽量在家上网

为什么会选择去网吧？喜欢那个氛围？其实，网吧的空气质量非常差，长时间待在网吧，对身体绝对没有好处。假如家里有电脑，不妨在家里上网，这样也可以让父母放心一些。而且，也有利于戒除网瘾。

5. 使用包月限时宽带

现代社会是一个信息社会，如果女孩不上网是很不现实的。而不限时的宽带对于女孩来说是没有约束力的，不管上多少时间，也不用交钱，女儿上网就没有压力，这会给她上网成瘾制造条件。女孩有了网瘾，一时难以戒除，那么，女孩可以与父母商量使用包月限时宽带，自己控制好上网时间。每次上网，规定好时间，循序渐进地，逐渐减少自己的上网时间。

第12章　女孩慎涉足，避开成长的危险禁区

保护自己，别陷入网恋中去

总想聊天

月月是在小升初的假期里开始玩电脑的，妈妈无意中看见孩子与一位网友在打情骂俏。就问这是怎么回事，月月说是游戏里的角色，那都是游戏里认识的朋友，没什么。妈妈当时也没往别处想，觉得月月自己有定力，应该知道自己在做什么。可是，到了初一开学了，月月还在与那个上海男孩保持联系，经常聊天。

妈妈对月月说："你知道表姐的事情，她现在已经大学出来当老师了，现在又有了如意的男朋友，如今，她享受工作、享受爱情，多好。"月月表示同意，她开始好好学习，也不再玩游戏，不再和那个上海男孩联系了。可那个男孩子来找她，两人又聊上了，月月还向她坦白："我喜欢那个男生，我不想伤害他。"妈妈很吃惊，但没说什么，妈妈怕过激的行为反而会起到反作用。

∷ 送给青春期女孩的话 ∷

现代社会，由于网络的便捷，再加上孩子的不成熟，网恋是很有可能的。那么，这些孩子网恋，到底是出于什么心理呢？

在许多家庭生活中，父母没有给孩子足够的关爱，彼此之间的情感交流更是少之又少。对此，孩子没有体会到家庭、父母那浓浓的亲情和爱意。这使得许多孩子渴望在虚拟的网络世界里寻找一份爱、一份虚拟的爱。

青春期正处于学习的黄金时期，与此同时，过于紧张的学习也会给孩子带来很大的压力。他们稚嫩的心灵承受了那么多的重负，尤其是遭遇考试失

利后，他们会感到一种莫名的绝望。但这些苦闷又无法向谁诉说，于是，在面对现实的时候，孩子选择了逃避，开始沉溺于网恋。

想象中的爱情总是比现实中的美好，想象中的恋人是虚幻的、完美的，极具吸引力的，这就是网恋的魅力。女孩陷入网恋，长时间生活在童话般的完美世界里，会使她对现实世界的适应能力下降，不利于孩子的身心发展。

1. 避免陷入网恋

有的女孩网瘾很大，不能在短时间根除，怎么办？这时女孩可以限制自己上网的时间，循序渐进地减少上网的时间。假如自己无法控制自己，可以向父母求助，让父母帮忙控制电脑或网络，减少自己上网的机会，只在规定的时间内使用电脑。

2. 与父母进行情感交流

女孩要经常与父母进行情感交流，从中感受父母的爱。多与父母沟通，坦白自己心里的疑惑，从父母那里获取网络的知识以及明白网恋的坏处。明白网恋会导致学习成绩下降，说出其中的利害，冷静思考自己是否应该网恋。

3. 谨慎结交网友

随着互联网的越来越流行，在网上结识朋友也风靡一时，尤其受到了许多青春期孩子的喜欢。由于每天只奔波于学校、家里，这两点一线的生活显得枯燥无味，更让青春期的女孩们感到厌倦。随着网络知识的普及，让你们感到莫大的新鲜与刺激，隔着宽大的屏幕，长长的网线，两个人之间也可以畅谈聊天，天南海北地侃着，甚至成为无话不说的好朋友，这对于很少与人交际的你们来说，这简直是一个奇迹，也是一个致命的诱惑。

平时的学习生活中，所结识的朋友有限，偶尔从网上认识的朋友就显得格外珍贵，也许他与你生活在两个不同的世界，也许他过着与你相似的生活。于是，许多孩子在这样对网友的绝对信任下，就贸然把自己的联系方式、真实姓名、家庭住址告诉了对方，以希望能得到真诚的友谊。殊不知，这样不加思考的后果，很可能会给自己带来一些麻烦，甚至是灾难。

4.大方与父母一起讨论恋爱、异性的话题

在青春期，女孩可以大方、自然地与父母讨论恋爱、异性的话题。假如自己总不弄清楚，就越是激发自己的好奇心。在这个过程中，女孩可以向父母那里了解自我保护方法，如辨别骚扰、拒绝诱惑、求助等。青春期女孩很容易网恋，在对网友一无所知的情况下，觉得自己喜欢上了对方。其实，这只是心里的一种好奇心理，并不是喜欢。喜欢是建立在两人互相了解的基础上，所以，请谨慎对待自己的网友，不要陷入网恋的旋涡，也不要掉入网友的陷阱之中。

第13章

学习不用帮，做有才情的青春美少女

青春期是每一个女孩子人生最关键的时期，也是人生的一个重要过渡期。健康顺利地度过青春期，这是未来成功的基石，有人说青春期是花季、是雨季，其实，青春期是一个学习的黄金时期。只要你能把握好这一时期的学习，那么将是你一生的成功。

女孩儿，你是为了自己而学习

学习到底是为了什么

这学期进入高二学年了，老师天天挂在嘴边的就是高考、大学的事情，第一堂课就围绕着高考讲了整整四十五分钟。教室里寂静无比，空气犹如被织成了一张大网，严严实实地把教室封起来了，让同学们感觉到窒息，丽丽觉得连呼吸一口新鲜空气都困难。班主任老师最后说了一句："我希望在座的同学能够认清学习的目的，从现在开始，努力学习，为了最后一年的冲刺打好坚实的基础，两年后，我希望你们都能进入自己理想的大学。"同学们受到老师的鼓舞，不禁都精神振奋，一片掌声伴随着下课铃声。

丽丽茫然地趴在桌子上，喃喃自语："学习，学习，就是为了考大学，为了那张大学文凭，之后出来还不是挣钱，说到底，我们这么拼命学习就是为了挣钱。"好像真是就是这样的道理，她也不禁有些疑惑，经常听爸妈说的一句话就是："好好学习，为了自己能有一个美好的将来。"可那美好的将来不就是希望自己能过得很好吗，而金钱是必不可少的。难道学习真的是为了挣更多的钱吗？

∷送给青春期女孩的话∷

小时候开始上学，老师说周恩来总理是"为中华之崛起而读书！"那时候你们懵懵懂懂，根本不知道它真实的意思。而你们一直被那句铿锵有力的"为中华之崛起而读书"教育着、激励着，这时候，你们以为学习的最终目的，就是为了中华的富强而努力奋斗。渐渐长大了，你们才发现每一个人的力量有限，很多时候，那样的学习目的开始转化为具体的目标，那就是为了考大学、为了挣钱。于是，这个一直被你们所迷惑的问题"为何而学习"，似乎找到了答案，有的孩子是为了脱离农村的贫穷而学习，有的孩子是为了那一纸文凭而学习，有的孩子是为了将来的铁饭碗而学习，有的孩子是为了升官发财而学习，有的孩子是为了进职、加薪而学习。这样的学习功利性越来越强，每个人的学习显得浮躁不安，似乎处于青春期的你们也开始感到迷惑，我到底为何而学习？

1. 学习是为了完善自我

事实上，学习的最终目的不是为了金钱，也不是为了文凭，而是很大程度上为了完善自我，丰富心灵，充实自己的生活，装点自己的人生。学习，并不是单纯的学习，你可以通过学习学到很多做人的道理，怎么说话、怎么与人交际、怎么取得成功、怎么解决问题。在学习的过程中，你的智力得到了挖掘，你的大脑得到了开发；在学习的过程中，你不断地变得聪明，变得智力超群；在学习的过程中，你还能感受到学习带来的愉悦享受，精神上莫大的满足。所以，孩子，当你在进入青春期这一黄金学习时期，关键就是要认清学习的目的，这样才有利于你端正自己的学习态度。

2. 学习可以使自己获得荣誉感

周总理在小时候就大声说出了自己为何学习，那就是"为中华之崛起而读书"。现在我们生活在和平时代，也许这样的使命感、责任感没有那么的强烈。但是，当你亲自观看了奥运健儿在北京奥运会上获得金牌就明白了。这样的使命感、责任感、民族荣誉感一直都在，当运动健儿经过了艰辛的训练获得了成功，当五星红旗在北京奥运会赛场冉冉升起，这一时刻，每一个中国人都会感到由衷的骄傲、自豪。那么，当你在学习上取得了荣誉，为班级、为学校，甚至为国家争得荣誉的时候，相信你的感觉是一样的，这就是为什么周总理的那句"为中华之崛起而读书"一直激励着你们。

3. 不要以功利性为目的去学习

如果你以功利性为目的学习，那只能培养出自己浮躁的拜金主义，是学不到真本领的。而且这样的学习也是不稳定的，当你发现这方面的学习不能

为你谋取经济利益时，就会转向其他方面。甚至到某些时候，只要能挣到钱，不管这样的学习适不适合自己，都硬着头皮学习，结果，只会使自己事倍功半。

孩子，现在的社会竞争日益激烈，学习的真谛是为了提高自身的素质和能力，是不断解放自我，提高改造自我能力的过程。所以，当你还在迷惑为什么而学习的时候，那么你应该及时地转换自己的观点，认清楚学习的真实目的。

制订适合自己的学习计划

我要考第一名

新学期开始了，父母已经下了最后的通告：还有一年就即将中学毕业了，你必须在这一年里好好学习，更进一步，争取成绩步入年级前十名。

莎莎愣住了，全年级前十名，那是什么节奏，是让我考清华北大的节奏吗？莎莎向父母撒娇："拜托，我现在全年级20名左右，怎么可能一下子冲到前十名？"父母建议："你可以做一个详细周密的学习计划，这样对你提高学习效率很有帮助。"

学习计划？莎莎拿着钢笔陷入了思考之中。

:: 送给青春期女孩的话 ::

对莎莎来说，成绩进入全年级前十名就算是一个目标，然而，达到这个目标则需要一份完整的学习计划。制订有效的学习计划，有助于养成良好的学习习惯。按照科学的学习计划行事，可以让莎莎的学习生活节奏分明，一旦形成了就会有相应的条件反射。在学习时就能安心学习，在活动时就会自觉去参加活动，这些都成为了自觉性的行动，时间长了，就会养成良好的学习习惯。而且，学习计划是科学性的，当莎莎知道自己如果再多玩一个小时，多聊一个小时，那就会让自己计划里的某项任务完不成，这项任务会给自己整个学习带来影响，她就会克制自己想玩的欲望。

1. 制订学习计划

许多女孩子抱怨自己太累，要看要学的东西太多了，每次面对课本都无从下手，其实造成这个现象的最大原因就是她学习没有计划性。制定一个学习计划可以快速提升学习效率，在有限的时间里最大限度地完善自己的不足之处。比如，制订日计划和周计划，将计划与课本内容相结合，每天哪个时间段看什么课本，在多长的时间内应该看完这本书，多久的时间来进行复习，看到什么样的程度之后需要通过做题来检验。

2. 合理安排哪个时间段该做什么事情

举个例子，某同学每天学两个小时的数学，这对她而言是合适的学习时间。但在一次考试中，数学成绩开始出现下滑的现象，那么她会从现在开始每天用三个小时来学习数学吗？当然不是，因为他不可能长时间保持每天三个小时学数学不感到厌倦，一旦自己对学习感到厌烦了，学习成绩就会下降。女孩子应坚持计划，就是保持过去适合自己的学习时间不动摇，一次的考试成绩并不能否定你之前制订的有效学习计划，只有每天按照自己制订的计划坚持下去，才会达成自己的目的。

3. 短期和长期计划相结合

女孩子在开始任何学习之前，需要制订一个周密的学习计划，短时间的，比如3个小时自习时间，然后分成若干个时间段，每段时间做哪个科目，如此计划好；长时间的，比如看课外书计划，半个月的时间看完一本书，每天看几页，一天中的哪个时间段适合看书，这些都需要写在学习计划里。

4. 早晚预习和检查自己的学习计划

每天早上醒来，女孩子可以躺在床上闭着眼睛，想想这一天有哪些事情要做，哪些章节要看，哪些习题要写。把这一天的时间都计划好，然后按照

自己的计划去严格执行。晚上睡前检查一下，今天的计划是不是都完成了，完成的结果是不是让自己都很满意，就这样，每一天、每一周、每一个月，早晚都要预习和检查自己的学习计划，才能切实地提高自己的学习效率。

5. 争做时间的"小主人"

同样是一天，不同的人会有不同的效率。比如，有的孩子善于科学地安排自己的学习时间，学习和生活井井有条，所起到的效果也很好；有的孩子却相反，整天瞎忙一团，学习和生活毫无规律可言。对此，女孩子要清楚自己一周之内需要做的事情，然后制定一张日作息时间表，在表上填一下非花不可的时间，比如吃饭、睡觉、上课、娱乐等。然后选定合适且固定的时间用来学习，留出足够多的时间来完成老师布置的阅读和作业。

当然，制订好一份学习计划之后，还需要及时调整。当计划执行到某一个阶段的时候，需要检查学习效果，并对原计划中不合适的地方进行调整。而且，计划制订之后需要坚决制定，否则前面所做的就是无用功。对于那些喜欢拖拉的女孩子而言，坚定执行计划是极具挑战性的。

女孩子要端正学习态度

踏实学习

高一学期来临，班上的同学都投入到了紧张的学习之中。雯雯看着周围努力学习的同学，却无法把精力全部集中在学习上面来，雯雯在平时的成绩挺不错的。以前，她总是持着边学边玩的心态，除了上课的时间花在学习上，其他时间她都是想着其他事情。往往是临到考试的时候，她才拿出课本复习，两三天的抓紧复习，再加上天资聪慧，几乎每次考试她都能考出好成绩。

高一学年的第一次测试快到了，雯雯没有感到慌张，把课本和练习都拿出来认真地复习了一遍，胸有成竹地走进了考场。可是，在考场上，看见那些陌生的题目觉得心里发毛，这好像是老师课外讲过的，但自己就是想不起来解题方法。

另外，雯雯认为语文测试不会有原文阅读，所以就没有复习，没料到偏偏这次考试来了一篇原文阅读，可雯雯又不记得答案，只能按着自己的理解回答问题了。这一次考试下来，雯雯感到一种从未有过的慌乱，等到公布分数，果然，雯雯的成绩下降了十几名，年级排名也排到了一百名以后。

::送给青春期女孩的话::

当你正式进入紧张的学习，最关键的不是你如何努力的学习，而是怎么端正自己的学习心态。因为，只有一个良好的心态，才能使你学有所获，学习就是真才实学，来不得半点虚假，像雯雯同学那样临时抱佛脚是不行的。也许有的学生会认为自己比较聪明，即使自己上课没有怎么专心听讲，但在临近考试的时候，熬几个通宵，也能够取得好成绩，可能，你能在考试中取得一些成绩，但那都是暂时的，是侥幸的，你能长久地保持这样的成绩吗？学习应该是脚踏实地的，而不是靠虚假的，那样只会凭借着小聪明获得暂时的成功，最终只会狠狠地跌下来。所以，正处于青春期的女孩子，你需要端正你的学习心态，这样才会让你的学习取得事半功倍的效果。

1. 培养自己的自控力

学习的心态问题，就是你要懂得控制自己，自控能力的强与弱都可以直接影响到你的成败。当然，这样的学习心态需要你自己去控制，不能说你端正了心态就端正了心态，而是需要锻炼你的耐力和韧性。也许，处于你们这样的年纪，喜欢玩耍，这是正常的，也是孩子的天性，比起枯燥的学习，玩乐具有致命的诱惑力。也许，你也会常常问自己，为什么要读书，只要你认清了学习的目的性和方法性，你就会觉得学习并不是一件困难的事情，它看起来其实很简单，而你也会在学习的过程中获得快乐。

2. 端正心态

女孩子需要明白，无论是做人，还是学习，都要保持一个端正的心态，这是最关键的。只有你端正了心态，心无杂念，才能在学习的困难和挫折之中安然度过，不会因为学习的暂时失利而悲伤，而这样的心态也会更加有利于你的学习，也更容易得到父母和老师的认可。只要你能踏实认真的学习，到了一定的程度，那么成功其实只是水到渠成的事情。你的一切付出早晚会得到别人的认可，而被别人承认的人，也自然证明了自身的能力与实力。

3. 脚踏实地

学习跟做人一样，需要脚踏实地，端正心态，积极进取，这样才能领悟到学习的快乐，而你的人生才会更加有意义。心态决定成败，古人说："上善若水"。人生最高的境界就是水的境地，在任何时候都会不受阻碍，流向大海，所以，多向流水学习，对学习中出现的困难和挫折，调整好心态，积极面对。孩子，从现在开始，端正自己的学习态度，让自己拥有一个丰富、精彩而又充满收获的中学生活。

别给自己"偏科"的心理暗示

偏科的女孩

妍妍早在八九岁的时候，就对乡下田地里出现的碎瓷片很感兴趣，经常捡一些回家收藏，之后还买了许多陶瓷的书籍阅读，父母都觉得她在这方面很有天赋。

进入初中之后，妍妍对青铜器和古文字的研究更是到了痴迷的程度，常常一个人关在房间里看考古方面的书籍。可是，面对她这样的情况，父母却很担忧，她的语文成绩很突出，但英语和数学却相对表现出弱势，拖了后腿。

父母整天为此担忧，希望妍妍能把数学和英语成绩补起来，但她很坦然："我就喜欢考古，不喜欢数学和英语。"父母真不知道该怎么办呢？现在模拟测试成绩出来了，由于数学和英语的牵绊，妍妍的分数离重点中学还有很大一段的距离，恐怕是她空有一技之长，也是深造无门啊。

∷送给青春期女孩的话∷

在学校，我们经常会发现一个有趣的现象：一些女孩子做有些科目的作业速度很快，轻松自如；而在做另外一些科目的作业，却总是磨磨蹭蹭，拖拉半天连本子都没打开。每每到了这个时候，父母就忍不住生气了："怎么总是这样拖拖拉拉？"意识到孩子这门功课不太好，就想方设法地给孩子找老师辅导，但是，现实情况依然是"老黄牛拉破车"，没多大进步，难道是孩子太笨了吗？

其实，造成这种情况的原因并不是因为孩子太笨了，而是孩子偏科的现象。有数据显示，大约有21%的小学生有偏科现象，到了高中，偏科学生的人群更是上升到了80%。

造成女孩子偏科的原因是多方面的：首先是心理因素，由于父母过多表扬和无意识的暗示，使她产生了认识偏差，认为自己只要某科学得好，别的都不重要。在青春期，由于个体差异，有的女孩子在逻辑和抽象思维方面没有形象思维发展快，会出现偏科现象；其次，女孩子在学习过程中没能把每科知识点细化，一旦学习有难度，她就会逐步失去对该学科的兴趣；最后，女孩子不能跟随老师学习，不能理解老师所讲述的知识点，不能完成作业，这些都有可能造成偏科。

1. 避免消极心理暗示

许多女孩子在偏科时，总忍不住说"啊，英语确实太难了""为什么英语总是与我作对呢"，如此，就会给自己偏科的心理暗示。尽管这只是一种抱怨，但说的时间久了，女孩子会发现学英语真的很困难。而且，当女孩子在抱怨英语难学的同时，她就对英语产生了拒绝的意愿，即看到英语就头疼。

2. 培养对弱势学科的兴趣

"兴趣是最好的老师"，有的女孩子偏科就是对该学科缺乏兴趣。对此，女孩子应想办法培养自己对弱势学科的兴趣，多看看这个科目在现实生活中应用的事例，让自己从心理上自觉消除厌恶感和抵触感。

3. 向老师求助

另外，女孩子可以找偏弱学科的老师细心谈一次，从中得到老师的鼓励。或许老师会说"其实你学英语挺有天赋的，因为你的记忆力很好"，在老师和父母的细心照顾下，那么，一定会收到"春雨润物细无声"的效果。

讨厌老师其实是害了自己

我不喜欢那位老师

新学期开始，原来的数学老师被调走了，新来的数学老师是一个大约40岁的中年男人，穿着打扮很奇怪，更让露露受不了的是他那一口地道的方言，听起来别提有多怪异了。上第一节课，露露就对这位老师很不感冒，她故意把数学书竖立在课桌上，里面还夹了一本小人书，专心看漫画，根本不理睬数学老师。

正在露露看着津津有味，却不知道数学老师什么时候从后面走过来，直接伸手取走了露露的漫画书，很严肃地说："我希望在我的课上，大家不要看其他书籍，否则一律没收，这位同学，下不为例。"露露一阵懊悔，那可是自己最喜欢的一本漫画书，心里觉得愤愤不平，更加讨厌这个老师。

:: 送给青春期女孩的话 ::

有很多青春期女孩子都会出现露露这样的情况，因为种种原因不喜欢任课老师，于是，这样的一种情绪就表现在具体的学习上，上课故意捣乱，不认真听讲，面对老师布置的作业也马马虎虎，在考试中故意考的很糟糕。女孩子认为自己这样的做法，是对老师的报复，所以，当看见老师为自己头疼的时候，心里也会产生一种快感。

几乎每个人在学生时代都会有自己喜欢的老师，不喜欢的老师，当面对自己喜欢的老师，他的课就特别愿意听，这似乎就是爱屋及乌的道理；而面对不喜欢的老师，则因为讨厌他这个人而讨厌他的课。虽然，这样的现象是情理所在，但是当你因为仅仅不喜欢老师，而造成成绩下降，荒废了学业，这值得吗？

1. 不喜欢的老师，也要好好上课

有些女孩因为不喜欢初中时代的英语老师，结果整个初中生涯英语都不及格，到了高中，这样的情况愈演愈烈。即便是她想补回那些失掉的英语课，也于事无补，最终高考因为英语成绩的失利与理想中的大学失之交臂，只能上一个普通的大学。试想，如果当初孩子能够及时地认识到自己思想上的错误，即便不喜欢英语老师，还是把英语学好，那么现在就不会是这样子了。无论女孩子不喜欢老师的哪方面，但他毕竟是教给你知识的人，他也是人生道路上的一位老师，所以，需要你克制自己的情感，尊重老师，认真上课，好好学习。

2. 克制叛逆心理，与老师主动沟通

青春期是一个叛逆的时期，可能你会因为某方面的原因而不喜欢老师，甚至专门与老师作对。其实，这就是心理叛逆的一种表现。当你因为上课不认真听讲，被老师训斥了一顿，你就会因为失去了面子而憎恨老师，进而想报复老师，于是作出一系列不理智的行为。青春期的叛逆是比较正常的，关键的是需要你能够克制自己的这种心理，因为这是一个成长的关键时期，稍有不慎，你就会误入歧途，人生也将是另外一番风景了。所以，不要给自己制造错误的机会，什么事情都要大度点，心胸开阔，即便是面对不喜欢的老师，也要把功课学好，这或许也是改变你与老师之间关系的一个方法。

理科真的是女孩子的天敌吗

怎么学好理科

一对母女走进了心理咨询室，母亲开口诉苦："女儿一直以来就偏好文科，不喜欢理科，马上上高二了，快分班了。以前，她的理科成绩再差也是及格的，但现在越来越差了，数理化三科加起来也不及格，我真是急死了。"

这时女儿开口了："我觉得理科对于女孩子来说就是一道难关，学不好理科，那是因为我是女生，逻辑思维不行，女孩子更擅长于文科，我希望以后分科时选文科。我觉得女孩子读理科太累了，读文科相对来说要轻松很多，将来出社会工作也轻松。"

:: 送给青春期女孩的话 ::

在人们传统的思维中，似乎女性更多地应选择教师、文秘、新闻、艺术等职业，而学理科不是很适合女性，尤其是跟体力有关的工科。在中学校园里，理科班大多是男生，只有寥寥几个女生做点缀，女生大部分被定义为"文科生"。

一位刚上高一的女生这样说："班主任说上了高中后最大的难关就是数理化，理科一直是我的弱项，这下子我更恐惧了，听说女生上高中后理科学得不如男生，导致总体成绩下降，真的是这样吗？"这位高一女生的忧虑反映了大多数青春期女孩子的心理。在传统观念里，女生擅长学文科，而理科则是男生的天下。但是，教育专家却认为："女生更有学理科的优势，相对于男生，女生贵在能够沉下心来，记忆力好，虽然反应可能不及男生快，但只要将勤补拙，学习理科不会比男生差，尤其在准确率方面，女生会高过男生。"

一位高中物理老师在教学两年中，总结出这样一段话："工作两年多了，我发现班里的女生物理成绩明显不如男生，是什么原因呢？并不是高中女生变笨了，而是存在部分的性别差异和心理差异。从生理上看，男女生在智力相同的条件下也有不同的智力特点，男生的逻辑思维、抽象思维占优势，而女生擅长于形象思维。而物理等理科需要靠的恰恰是逻辑思维，因此，女生学习理科会存在一定的困难；从心理上来说，高中女生敏感多愁，情绪稳定性差，她们存在一定的自卑心理，曾有一位成绩优异的女生告诉我'老师，我很自卑，我觉得什么都不如人家'，这样的心理特点，让她们觉得理科更加困难，偏科的现象更严重。"

1. 摆正心态，纠正偏科现象

女孩子偏文科现象严重，大多出于本身的生理、心理特点。许多女孩子认为"女孩子就适合做老师、文员之类的，没有必要太辛苦"。对此，女孩子要摆正心态，培养自己对理科的兴趣，比如"理科学习好了，可以帮助你掌握一门真正的本领，在生活中是很实用的"。

2. 学会动手

男孩子为什么逻辑思维、抽象思维那么好，因为男孩子比较调皮，喜欢动手拆东西，组合新的东西。在许多化学、物理的实验课上，许多女生都是站在一边看男生做实验，自己则只抄一个数据，这样对学习是很不利的。对此，女孩子要鼓励自己，不要怕弄坏仪器，要敢于动手操作，因为理科是以实验为主的学科，许多知识需要在实践中体会。

锻炼心理素质，平常心看待考试

烦人的考试

第一次月度测试成绩出来了，小雅成功地跻身年级前十名之列。当她在

密密麻麻的成绩报告单上发现自己的名字赫然在前十名的时候，小雅高兴地跳了起来，同学朝她竖起了大拇指，说道："看来，你这个月的学习没有白费，再接再厉哦，你现在可是我赶超的对象哦，千万不要骄傲，小心从高处摔下来。"小雅还处于兴奋状态之中，没多在意。

很快，迎来了第二次月度考试，不知道是小雅学习方法不对，还是状态不好，竟然出现了"滑铁卢"事故，之前，小雅的成绩虽然不能名列前茅，但总是年级前十五名左右，但这次不仅跌出了前十名，反而落到了三十名之外。班主任把小雅叫到办公室，说道："小雅，我一直看好你呢，希望你努力能进入年级前五名，到时候重点大学肯定是没问题的，可你这次怎么回事，居然滑到了三十名以外，像这样下去，不但重点大学毫无希望，连上个本科都成问题了。"听了老师的话，小雅心里一团糟，再想想自己之前的兴奋劲，难道这就是乐极生悲？

∷ 送给青春期女孩的话 ∷

在升学这一阶段，女孩子所遇到的都是大大小小的考试：月度测试、模拟测试。而且，她们的心情和情绪都随着考试成绩而忽上忽下，成绩提高了，变得兴奋异常，觉得自己升学有希望了；成绩下降了，会灰心丧气，觉得自己的大学梦破碎了。本来，这只是正常的情绪反应，但在升学这一重要阶段，任何心态都将影响你的学习，比如，当女孩子为成绩提高而高兴的时候，会不自觉地放松学习；当女孩子为成绩而灰心的时候，更没有精力好好学习。因此，在考试的成功与失利面前，你要端正自己的心态，所谓"胜败乃兵家常事"，无论这次是成功还是失败，只要你一如既往地学习，那么，成功总有一天是会属于你的。

在即将升学的这一阶段，每分每秒都很宝贵，女孩子根本没有时间去高兴、沮丧，你所需要做的就是以一颗平常心来面对考试的失利与成功。考试失利了，学会总结经验和教训，为下一次成功做准备；考试成功了，要提醒自己，或许，这只不过是运气好而已，自己还需要更多的努力，才能保证运气会一直这么好。总而言之，对待考试，要以正确的心态面对。

1. 以正确心态面对考试

范仲淹说："不以物喜，不以己悲。"一件事情只有两个结果，要么失败，要么成功。于是，很多事情都有可能面临失败与成功，而我们所需要做的就是保持正确的心态。如果女孩子心态比较浮躁，那么，在考试成功的时候，会欣喜若狂，内心滋生出骄傲的情绪，甚至，会放松自己的学习；但在面对考试失利的时候，就会灰心丧气，一蹶不振。

这样的心态就是不正确的，有可能会因骄傲而跌倒，也有可能因失败而灰心放弃。而最好的心态就是一颗平常心，这样女孩子就会在成功面前保持谦虚的态度，在失败面前依然充满着信心。

2. 不要太在意考试的失利与成功

现代社会，依然是应试教育为主，意味着以分数来判定你是否失利或成功。应试教育本身是有欠缺的，仅仅凭着考试的分数而来判断这个学生的知识如何、能力如何，是不妥当的。因此，如果你真的尽力了，不要太在意考试的失利与成功，因为你所学到的知识是不能被分数代表的。

当然，考试的失败与成功只是一件小事而已，当你长大成人，你会发现生活中还有许多困难与挫折在等着你，这样一比较，你会觉得测试真的是一件微不足道的事情。人生漫漫长路，总不能一帆风顺，总是有着这样或那样的挫折与困难，而当你在面对这些困难与挫折时，难免就会有失败，这是必然的，而我们只需要学会接受。

应付升学压力，女孩子有妙招

紧张的备战

马上要进入中考了，燕子投入到了紧张的备战之中，不让自己有一点休息，晚上看书看到深夜。早上，爸爸看着燕子严重的黑眼圈，打趣道："最近学习这么紧张吗？你看都有黑眼圈了，学习再紧张，也要注意休息，身体才是革命的本钱。"燕子一直哈欠连连，连爸爸的话都没搭理，就又去书房开始学习了。

由于晚上学习得太晚，白天上课也没有什么精神，燕子的学习效率有所下降，她又开始担心自己的学习。晚上看书也看不进去，睡觉又会失眠，她总想着到时候若是自己被分到了普通班，该怎么办？还有爸妈对自己的期望等，这样想过之后，精神简直到了崩溃的边缘。

::送给青春期女孩的话::

青春期女孩子正处于升学阶段，所面临的压力很大。父母的期望，老师的期望，都是一种强大的压力，它们像大山，沉重得使女孩子透不过气来。当然，作为一个即将升学的孩子来说，有压力是正常的。如果没有压力，就没有动力；没有压力，就不能促使你认真学习，不能促使你继续前进。因此，孩子，首先你应该承认升学给你带来的压力，不要逃避，你应该正视这样的压力。

1. 比起结果，爸妈更重视过程

孩子，看到你为了升学而努力，爸妈感到很欣慰，同时，也感到很心疼。或许，你很在意爸妈的感受，把我们对你的期望转化成压力。但是，在这里，爸妈需要告诉你：比起最后的结果，爸妈更重视过程。在升学这一阶段，你确实努力过了，那就行了，爸妈就觉得足够了。

2.给自己的压力要适当

你不要给自己太多的压力，给自己的压力要适当。压力本身是没有任何威胁性的，适当的压力会转换为一种强大的动力，促使你不断地进步，不断地奋发向上。但是，一旦压力过大，就会造成精神紧张、心理崩溃，晚上失眠，白天精神恍惚，而这样的状态是非常影响你的学习质量和效率的。

3.学会给自己释放压力

压力是外来的一种力量，控制着我们的精神和心理，这是我们无法掌控的，但是我们可以通过一些方式来化解它，消减它的消极性，使其趋向于积极发展。所以，当你自己压力太大的时候，不妨暂时抽离学习的状态，多参加一些户外活动，在大自然中散散心，或者邀约几个好友一起逛逛街，这都是一些好的释放压力的方法。

压力就是精神上的一种紧张状态，如果你的精力被另外一种活动所占据，那么你就会暂时放下心中的压力，投入到轻松愉快的活动中，使身心得到休息。当你再回过头想那些学习的压力，你会发现它已经变成了一种动力。